重温经典
学调研

贺弘联◎主编

CHONGWEN
JINGDIAN
XUE DIAOYAN

湖南人民出版社·长沙

序　言

向经典叩问真经　让调研回归本位

贺弘联

调查研究是谋事之基、成事之道。党的十八大以来，以习近平同志为核心的党中央高度重视调查研究工作，不仅倡导在全党大兴调查研究之风，还就加强和改进调查研究工作提出了一系列要求。2012 年实施的中央八项规定第一条，便强调要改进调查研究。

调查研究不仅是一种工作方法，更是一种工作作风。以什么样的作风态度开展调查研究是决定调研成效的关键。在这方面，许多马克思主义经典作家和老一辈无产阶级革命家，聚焦问题、深入一线，扎实有效地开展调查研究，留下了一大批影响深远的经典调查报告，为我们树立了光辉典范。为继承发扬经典作品中蕴含的调研精神，学习借鉴其中的调研方法和优良文风，《新湘评论》策划推出了"重温经典学调研"系列报道，遴选了 20 篇具有经典意味的调研报告和著作进行赏析解读。总体来看，这组系列报道具有以下几个特点。

策划上别出心裁。这个选题的策划思路十分独到，整组报道以逆向思维将视角投向了历史上的经典调研作品，通过解读赏析经典调研文本、重温调研故事，挖掘经典调研中的深刻内涵，给当下的调查研究以启示。同时，这个选题也具有很强的现实针对性。在现实中，调查研究作风不实的现象还不同程度地存在，"作秀式调研""盆景式调研""蜻蜓点水式调研"等各类形式主义问题也层出不穷，调查研究的"异化"现象引起关注，一些领导干部的调研本领亟待提高、调研作风急需改进。在这样的背景下，对经典调研著作进行赏析解读，倡导继承发扬蕴含其中的调研精神，学习借鉴其调研方法，便具有了重要的现实价值，这对于纠正当前被"异化"的调研现象，让调查研究回归本质本位具有重要的意义。

篇目上精心遴选。在马克思主义170多年的发展历程中，特别是党的百年历史上，留下了大量经典的调研著作，如何在如此长的时间跨度中选择其中最具代表性的篇目十分考验选题策划者的功力。《新湘评论》在组织这组系列报道时，将思路进行了集中：一是选择马克思主义经典作家以及老一辈无产阶级革命家最具代表性的作品，如马克思的《工人调查表》、恩格斯的《英国工人阶级状况》，还有毛泽东、周恩来、刘少奇、朱德、陈云等在各个时期的调研著作。二是选择各个历史时期具有时代意义的作品，如民国时期的《可怜之人力车夫》、土地革命战争时期的《木口村调查》、延安时期的《农村十日》、解放战争时期的《蒋军七十四师的调查研究》。此外，在社会主义革命和建设时期以及改革开放初期也有代表性的篇目入选，特别是《一剂必不可少的补药》这篇关于小岗村包产到户的调查，对中国农村改革具有重要意义。三是选择对当下调查研究最具典型启示意义的作品，如选择习仲勋领导的"郝家桥调查"产生的调查报告就是因为它们是蹲点调研的示范作品，李卓然的《固临调查》是全面"解剖麻雀"的典范，高克林的《鲁忠才长征记》是运用会议调查法的代表作，林伯渠的《农村十日》则是"沉浸式"调研的范例。总之，所遴选的这些经典篇目涵盖各个历史时期，各具典型意义。

赏析上力求深度。所遴选的20篇经典调研作品，有的大家比较熟悉，有的却鲜为人知。要真正把这些经典作品的意义发掘出来，就需要在赏析解读时做到有新意、有深度。《新湘评论》的这组系列报道显然做到了：一是深挖。对待每一篇经典作品，除了解读文本本身，还通过对大量相关文献的梳理和挖掘，完整交代了调研的背景、调研的过程、调研所产生的影响等。二是发掘。重点发掘经典作品中所蕴含的调研精神。如通过马克思编制的《工人调查表》着重阐述其对工人阶级感情极端深厚，对工人解放事业极端负责的精神；通过周恩来的《关于食堂和评工记分等问题的调查》着重阐述周总理能听真话，"敢于和不同意见的人讨论问题"的求真精神；通过陈云的《青浦农村调查》着重阐述其见微知著、"蹲下去看蚂蚁"的严谨细致作风。三是提炼。"重温经典学调研"重点在"学"，整组报道对每一篇经典作品，除了完整叙述调研过程、解读调研文本外，在文章最后一部分重点提炼总结经典作品中具有启示借鉴意义的调研艺术、调研方法，如在《处处留心皆调查》中就强调要重点学习毛泽东处处留心、善于发现问题的敏锐性，在《注重亲身观察和可靠材料》中就强调要学习恩格斯"亲身观察"的参与式调研方法，在《要发现事物的内部运动规律》中就强调要学习张闻天注重"分析与综合"的调研经验。

表达上鲜活新颖。"重温经典学调研"这组报道，阐释的是各种历史文本和静态史料，如果不注重表达，很容易变得呆板、沉闷。但通读整个系列，却没有这个感觉，反而感受到了文本的温度和题材的鲜度。从内容上看，每一篇都精心写作，导语引人入胜，框架工稳精巧，如《用好蹲点调研这个重要一招》开头写道："1943年开春，春寒料峭的陕北高原上出现了风尘仆仆的一行8人，他们带着两匹大骡子，驮着粮食、被褥等，沿着崎岖的土路来到了郝家桥。他们就是习仲勋带领的绥德地委干部和几位记者。"这样白描式的语言极具穿透力和现场感。从形式上看，整个系列报道积极运用全媒体呈现，除了做到图文并茂外，每一篇文章都插入了一个精心制作的微视频，丰富了表达形式，让厚重的历史文献焕发出新的生机，让静态的史料"动起来""活起来"。正是因为有这样鲜活新颖的表达，有读者认为，重读这些经典作品"能感受扑面而来的生活与群众气息、强大而持久的实践与真理力量"。

整组系列报道在"指点"微信公众号上首发后，以其独到的选题策划、深刻的赏析解读、清新的表达风格受到广泛好评，取得了很好的传播效果，作品全部被新湖南、时刻、风芒等新闻客户端转发，学习强国平台在"推荐"频道开设专栏并在首屏高位推送。同时，这组报道在由中央网信办网络传播局等主办的"理响中国"理论融媒体精品征集展播活动中获评"优秀理论专题专栏"（全国共10个专栏入选），在中国期刊协会党刊分会组织的年度优秀作品评选中获评"十佳"重大主题报道。

在全党开展深入贯彻中央八项规定精神学习教育之际，湖南人民出版社将这20篇报道作品结集出版，相信这对推动学习教育深入开展，帮助广大领导干部改进调查研究作风具有积极的促进作用和重要的启示价值。

（作者系《新湘评论》杂志社社长、总编辑）

目　录

1

1845

注重亲身观察和可靠材料

——读恩格斯的《英国工人阶级状况》

吴 金 王问丞

不论在 1845 年以前或以后，还没有一本书把工人阶级的穷苦状况描述得这么鲜明，这么真实。

——列 宁

1842 年 11 月，22 岁的恩格斯遵父命离开德国，来到当时的世界工业中心——英国。在英国的曼彻斯特有恩格斯父亲入股的一家棉纺厂，一心想让儿子继承家业的父亲，安排恩格斯到这里学习经商。

但这位"富二代"，并不甘心当一个资本家少爷。来到英国后，他主动走出"舒适圈"，"放弃了资产阶级的社交活动和宴会、波尔图酒和香槟酒，把自己的空闲时间几乎全部用来和普通工人交往"，用了 21 个月的时间走访了以伦敦和曼彻斯特为中心的十几个城市和乡镇，走遍了曼彻斯特的每一个工人居住区，对英国工人阶级状况进行了深入的调查研究，并撰写了《英国工人阶级状况》一书。

《英国工人阶级状况》是世界上第一部反映工人阶级状况的专著，也是马克思主义理论宝库中开展社会调查研究的开山之作。马克思热情地赞颂这本书"清新、热情和富于大胆的预料，丝毫没有学术上和科学上的疑虑"，列宁认为这本书是"社会主义文献中最优秀的著作之一"。时至今日，蕴含在这部著作中的调查研究思想仍熠熠生辉，给我们深刻的启示。

富家子弟的"工人情结"

一个含着金钥匙出生的富家子弟，为什么要费力劳心地去做工人调查？这得从恩格斯的家庭环境和成长经历讲起。

恩格斯出身于一个富裕的工厂主家庭，兄弟姐妹八人，他是家中的长子。

恩格斯从小就被父亲严厉管教，一切行为都要按其旨意行事。为了让恩格斯尽快继承家业，他甚至勒令儿子中断学业，到自家公司实习。这让恩格斯年纪轻轻就接触到了社会底层的劳动人民，并对面临失业危机、时刻处在生死边缘的工人产生了同情。同时，受进步书刊的影响，恩格斯萌生了拯救贫苦工人、改变阶级不平等的革命民主主义思想。

为深入揭示工人的悲惨命运，恩格斯从青年时代起就曾多次进行实地调查，了解社会的真实面貌。他的出生地巴门位于乌培河谷，是当时纺织业较为发达的地方，1839年他曾在乌培河谷进行考察，发表了《乌培河谷来信》，记录了工人的非人处境。但他所做的这些努力并没有真正揭示工人阶级生存艰难的原因，也不能帮助工人阶级找到摆脱现实困境的真正路径。

1841年，恩格斯在柏林服役，一有空闲时间他就到柏林大学旁听学习，并参加了"青年黑格尔派"及其开展的社会活动。接受了思想教育和社会实践双重洗礼的恩格斯，此时的理想已经从"拯救贫苦工人"上升到了"促进进步事业"，他开始踏上了谋求人类解放的道路。

所以当他来到英国曼彻斯特工作，再次目睹资本主义制度下工人极端贫困的生存境遇时，便坚定了他同工人阶级交往、专心调查研究工人状况的决心。

在此期间，他还遇到了毕生挚爱——爱尔兰纺织女工玛丽·白恩士。玛丽性格爽朗、热情大方，特别是她那野蔷薇般的美丽和黑亮勇敢的目光，深深吸引了恩格斯。玛丽从童年起就熟知无产者的困苦，在她的帮助下，恩格斯打破了横亘在资本家少爷与工人群众之间的天然障碍，得以深入工厂、街区，走进工人住宅区，结交了大量的工人朋友，近距离观察到工人生活中的详情细节，获得了关于工人阶级状况"有血有肉"的第一手资料。

看到了一个"无助和贫穷的深渊"

"这本书里所叙述的，都是我看到、听到和读到的。"这是恩格斯在《英国工人阶级状况》序言中的一段话。

根据1842年至1844年在英国的亲身调查，恩格斯于1844年9月至1845年3月在巴门撰写了《英国工人阶级状况》一书。这部著作在1845年5月出版德文第一版后，又先后出过一个德文版和两个英文版。

《英国工人阶级状况》全书20多万字，大体可以分为三个部分：序言4篇、导言和正文的11个章节内容。正文11个章节分别为：工业无产阶级、大城市、竞争、爱尔兰移民、结果、个别的劳动部门 狭义的工厂工人、其他劳动部门、工人运动、矿业无产阶级、农业无产阶级、资产阶级对无产阶级的态度。

整部著作重点调研了工人阶级的生产状况、生活状况、精神道德状况、卫生健康状况等几个方面，对英国工人阶级生活状况恶化的事实做了极为深刻的叙述和描绘。

为了解工人的生产状况，恩格斯详细考察了工人的生产环境、使用童工情况、工资待遇、工作时长、劳动强度、技术设备、就业失业情况、福利保障等方面，发现了大量触目惊心的问题。如作者在调查中了解到，大多数儿童从八九岁起就开始劳动，每天工作 14 到 16 个小时（吃饭时间除外）。在大多数劳动部门，工

19 世纪英国的一家镀锡厂

人的活动都局限在琐碎的纯机械性操作上，不断地重复着，年年如此，妇女每天要工作 18 个小时，繁重的劳动，使她们的脊椎骨和骨盆都变形了。婴儿无人照顾，只好灌麻醉药让他们安静。

恩格斯还经常来到工人生活的街区，了解工人的生活状况，对他们的居住地段、周边设施、建筑风格、房屋布局、房屋面积、居住人数、穿着饮食、屋内陈设、租金等做了十分细致的考察。他经过调查发现，许多人无家可归，"伦敦有 5 万人每天早晨醒来不知道下一夜将在什么地方度过"，即使有栖身之所大多条件也相当恶劣。其中在布利斯托尔对 2800 个工人家庭的调查显示：有 46% 的家庭只有一间屋子；在穿着方面，许多工人特别是爱尔兰人的衣服简直就是一些破布，往往连再打一个补丁的地方都没有；在饮食方面，工人们吃的食物是劣质的、掺假的和难消化的。

恩格斯还十分关注工人的精神道德状况，他通过实地调研和深入访谈，考察了工人教育设施、教师队伍、文化程度、受教内容、入学比例、宗教信仰、经费投入等方面的情况。在智力教育方面，他发现英国的教育设施和人口数目很不相称，工人可以进的为数不多的日校，只有少数人能去就读；在道德教育方面，工人也遭到统治阶级的忽视和摒弃。由于精神上的空虚，许多工人染上了酗酒的恶习，"烧酒几乎是他们唯一的快乐的泉源，而且一切都似乎在促使工人去接近它"。

工人的卫生健康状况也是恩格斯调研关注的重点，他详细考察了人均寿命、儿童成活率、厕所配置、垃圾处理、排水系统、牲畜饲养、空气流通、疾病种类等方面的情况。恩格斯在书中写道，在伦敦"250万人的肺和25万个火炉集中在三四平方德里的地面上，消耗着极大量的氧气"，因为空气污浊、环境恶劣，流行病不断发生，结核病、伤寒、猩红热十分猖獗，由于治疗上存在的困难，工人们只能经受肉体上的痛苦，"他们几乎全都身体衰弱，骨瘦如柴，毫无气力，面色苍白，由于患有热病……几乎所有的人都消化不良，因而都或多或少地患着忧郁症，总是愁眉苦脸，郁郁寡欢"。

　　因为目睹了工人阶级的种种苦难和悲惨境遇，恩格斯在心底里对工人产生了更为深切的同情，他在书中痛心地写道："只要亲眼看一下这些不幸的人们的苦难，看一看他们吃得多么坏，他们被疾病和失业折磨成什么样子，我们面前就会显现出这样一个无助和贫穷的深渊。"但恩格斯并没有止步于这种同情和义愤，而是在调研的基础上，运用阶级分析法对这一切现象进行了深入分析，剖析了这一切罪恶产生的根源，他说"处于这种境况，无论是个人还是整个阶级都不可能像人一样地思想、感觉和生活……在目前情况下，工人只有仇恨和反抗资产阶级，才能拯救自己的人的尊严"，并最终得出结论——"无产阶级和资产阶级间的决战已经迫近了"。

"亲身观察"给他强大底气

《英国工人阶级状况》一书出版时,有个副标题——"根据亲身观察和可靠材料"。"亲身观察"是恩格斯开创的马克思主义调研的重要方法,这种方法就是现代社会调查方法中的"参与式观察法",即调查者深入调查对象的生活场景,通过实际参与调查对象的日常社会生活所进行的观察。

《英国工人阶级状况》这部著作之所以能产生重大影响,一个重要原因就是,恩格斯掌握了大量翔实、客观的材料。这个材料的获得主要就来自恩格斯与调查对象长时期的接触和共同生活,正如他在《致大不列颠工人阶级》中所说:"我想要的不限于和我的课题有关的纯粹抽象的知识,我很想在你们家中看到你们,观察你们的日常生活,同你们谈谈你们的状况和你们的疾苦,亲眼看看你们为反抗你们的压迫者的社会统治和政治统治而进行的斗争。"

为了实践这种"亲身观察"的调研方法,恩格斯在英国的21个月里,并不是只坐在工厂的办事处里,而是经常到工人栖身的肮脏的住宅区去,亲眼看看工人贫穷困苦的生活情景。恩格斯对工人的住宅做了极为细致的考察,包括房间的数量、大小、居住人数、布置、家具还有租金和卫生设施等情况都了解得一清二楚。正是这种以"局内人"身份亲身考察、细致入微的精神,使得恩格斯有足够的底气"向英国资产阶级提出挑战:请他们拿出像我所引用的这样可靠的证据，向我指出哪怕是一个对我的整个观点多少有些意义的事实是不确切的"。

其实，在恩格斯对英国工人阶级进行调研之前，因为阶级矛盾已经显现，英国资产阶级也委托所谓的调查委员会进行了大量的调查。恩格斯在翻阅大量已有的调查资料之后，很快就发现了这类调研的弊端。他说："这些委员会的长篇大论的报告注定要永远沉睡在内务部档案架上的废纸堆里。"为什么频繁的、长篇大论的调查只能沉睡在废纸堆里？那是因为这类调查都是受资产阶级委托的，其特定的调查目的以及调查后数据的选择性，使得调查者常常以价值中立为由，只把工人阶级的生存状态当作无关大局的个别现象，只是提出一些无关痛痒的改良建议，最终沦为走过场的形式。

而恩格斯截然不同，出身于纺织工厂主家庭的他，既没有站在资产阶级的立场去审视工人的状况，也没有把自己当作一个无价值立场的旁观者，而是站在无产阶级的价值立场上，去观察他们的工作和生活状况，思考他们的现实困境和斗争问题。"思维无内容则空，直观无概念则盲"，正因为恩格斯的整个调查贯穿着鲜明的价值立场，他才对工人阶级的状况做了"最尖锐、最露骨"的揭露，对资本主义生产本身的罪恶性做了最无情、最彻底的批判。

2025年距恩格斯《英国工人阶级状况》首次出版已经过去了180年，"不论在1845年以前或以后，还没有一本书把工人阶级的穷苦状况描述得这么鲜明，这么真实"，翻开这本书，这个一百多年前的论断仍能让人深表认同。这是无产阶级最早的经典调查报告，是马克思主义者开展调查研究的光辉典范。我们除了要向经典致敬、向伟人致敬，最重要的是要学习《英国工人阶级状况》中蕴含的调查研究方法，学习恩格斯的果敢和赤诚，继承和发扬他"亲身观察"的实践态度和求真精神，扎扎实实地做好调查研究工作。

参考文献

[1] 朱秀梅.世界社会主义文献中的优秀著作《英国工人阶级状况》解读 [M].北京：现代出版社，2016.

[2] 龙培林.恩格斯《英国工人阶级状况》中的调查研究思想探赜 [J].宁夏党校学报，2022，24（05）：79–85.

[3] 张海燕，包娜仁其木格.《英国工人阶级状况》的社会调研分析：主题和方法的变革 [J].当代中国价值观研究，2020，5（01）：15–23.

[4] 孟飞，朱秉贤.社会调查科学方法体系的创立：读恩格斯《英国工人阶级状况》[N].学习时报，2020–11–18（05）.

原文摘录

爱尔兰人还带来了英格兰从前所没有的赤脚走路的习惯。现在，在一切工厂城市里都可以看到很多人，特别是妇女和小孩赤着脚走来走去，这种习惯在最贫穷的英格兰人中间也逐渐流行起来了。

饮食状况也和衣着一样，工人所得到的都是有产阶级认为太坏的东西。在英国的大城市里，各种最好的东西都可以买到，但是价钱很高；而工人必须用他那不多的几文钱来养家，他们是花不起这样多的钱的。加之工人一般都是在星期六晚间才领到工资，——不错，有些地方星期五就发了，但是这个很好的办法还远没有普遍实行起来。所以工人要到星期六下午四点、五点或七点钟才能上市场去，而资产阶级在上午老早就把最好的东西挑走了。早晨市场上有的是最好的食品，但是等到工人来的时候，最好的东西都卖光了，即使还剩下一些较好的，工人大概也买不起。工人买的土豆多半都是质量很差的，蔬菜也不新鲜，干酪是质量很坏的陈货，猪板油是发臭的，肉又瘦，又陈，又硬，都是老畜的肉，甚至常常是病畜或死畜的肉，往往已经半腐烂了。做工人的生意的多半是些小商贩。他们收买次货，而且正因为是次货，所以才能够卖得这样便宜。最贫穷的工人为了用不多的钱买必需的食品，哪怕是买质量很差的食品，也还不得不采取一种特殊的办法：因为星期六晚上十二点钟所有的商店都要关门，而星期日又完全停市，所以在十点到十二点的时候商店就把那些不能保存到星期一的货物以想像不到的贱价出卖。但是，这些到晚上十点钟还没有卖出去的东西，十分之九到星期日早晨就不能吃了，而最贫穷的阶级星期日的餐桌正是用这些东西点缀起来的。工人们买到的肉常常是不能吃的，但是既然买来了，也就只好把它吃掉。1844年1月6日（如果我没有弄错的话），曼彻斯特有十一个肉商因出售不能吃的肉，被地方法庭（court leet）处以罚款。其中一个有一整头牛；一个有一整口猪；一个有几只羊；一个有五六十磅牛肉；所有这些东西都已经根本不能食用了，因而全被没收。在这些肉商里面，有一个被没收了六十四只肚子里填满了馅的圣诞节吃的鹅，这些鹅没有及时在利物浦卖出去，因此就运到曼彻斯特来，在这里的市场上摆出来的时候已经腐烂了，发散着强烈的臭气。这件事情的全部经过当时曾登载于《曼彻斯特卫报》，而且提到了当事人的姓名和罚款的数目。在7

月1日至8月14日这六个星期中，该报还报道了三件类似的案子。据7月3日该报报道，在海华德没收了一只200磅重的猪，肉商发现这只猪已经死掉而且甚至已经腐烂了，可是还把它切成块拿出去卖。据7月31日该报报道，威根有两个肉商因出卖不能吃的肉被分别处以2英镑和4英镑的罚款，而其中的一个已经不是初犯了。最后，据8月10日该报报道，波尔顿的一个小商人有二十六只不能吃的火腿被没收，并且被当众焚毁，这个商人被处以20先令的罚款。但是这里所举出来的还远不是所发生的事情的全部，并且不能把这些事情看做六个星期的平均数，也不能根据这个数字推算出一年的平均数来。有一个时期，这个每周出版两次的《曼彻斯特卫报》每一号都报道了曼彻斯特或邻近的工厂城市中所发生的这类案件。这里应该记住一点：由于市场的范围很大，所有的大街两旁都是市场，并且由于市场监察员监督不严，许多事情都逃过了他们的眼睛，——要不是这样，那又怎样解释肉商肆无忌惮地把已经发臭的整头整头的牲畜拿来出售的事情呢？只要注意一下，在罚款像上面讲的那样微不足道的场合下，这种勾当对小商人的诱惑力是多么大，只要想一下，什么样子的肉才被监察员认为完全不能吃而加以没收，那就决不会相信工人平常所弄到的肉都是质量好的和有营养的。但是资产阶级的贪婪还要使他们在其他方面吃苦头。商人和厂主昧着良心在所有的食品里面掺假，丝毫不顾及消费者的健康。上面我们引证了《曼彻斯特卫报》，现在听一听另外一家资产阶级报纸，——我是喜欢拉反对者来做证人的，——听一听《利物浦信使报》是怎样说的吧。

——摘自恩格斯《英国工人阶级状况》

1880

善用调查问卷收集情况

——读马克思的《工人调查表》

佟秋月

> 要了解情况，唯一的方法是向社会作调查，调
> 查社会各阶级的生动情况……即阶级分析的方法，
> 作几次周密的调查,乃是了解情况的最基本的方法。
>
> ——毛泽东

　　"你的工作场所使用的是煤气灯、煤油灯还是其他照明设备？"

　　"机器是专门雇工人来擦拭的呢，还是由使用机器的工人在工作日内无报酬地擦拭的？"

　　"开不开夜工？"

　　"加班是不是补发工资？"

　　"…………"

　　这是一百多年前，马克思为调查法国工人的工作、生活情况而制作的《工人调查表》中的问题。这份调查表共设计了99个相关问题，一项一项非常具体，涉及工作、生活、开支等方方面面，在当时的法国引起了广泛的关注，被人们称为揭露资本家剥削工人行径的"武器"，号召工人起来进行革命的"号角"。

晚年马克思抱病编制了这份调查表

　　马克思为什么要编制《工人调查表》？这与当时的历史大背

景以及法国工人运动发展状况分不开。1871 年，巴黎公社（1871年 3 月 18 日到 5 月 28 日，短暂地统治巴黎，是世界上第一次无产阶级专政的政权）失败以后，法国的工人运动暂时转入低潮。但是，到了 70 年代后半期，随着资本主义的迅速发展，法国的工人运动又逐渐转向高潮，罢工的次数和罢工的人数逐年增加，越来越多的工人开始接受并转向马克思主义。工人运动领导人贝·马隆创办了杂志《社会主义评论》，并于 1880 年 1 月出版发行。同年 4 月上旬，马隆请求马克思帮助他编制一份《工人调查表》，以便进一步弄清法国工人阶级的生活情况和劳动条件。

为了支持法国工人运动的顺利开展，并通过调查的形式帮助

1871 年 3 月 18 日，巴黎公社革命爆发

工人增强阶级意识和阶级觉悟，马克思于创作《资本论》的繁忙工作之余，在病魔缠身的艰苦条件下，毅然承担了编制调查表的工作。约十天以后，一份当时未曾署名，然而却有着深远意义的《工人调查表》刊登在 4 月 20 日的《社会主义评论》上。

由于马克思十分熟悉调查对象的工作和生活的实际情况，调查表中使用的语言都非常通俗易懂，列出的各种问题简明扼要、一目了然。所以，调查表一经问世，就受到了工人的普遍欢迎而广泛流传，仅传单就在法国印了 25000 份之多。

调查表照见马克思的革命家胆识

这份调查表，不仅是一份收集信息的工具，更是一篇大胆揭露资本主义社会剥削本质的檄文。《社会主义评论》杂志编辑部在发表马克思编制的调查表时专门写了前言："任何一个政府（君主政府或资产阶级共和政府）都还不敢对法国工人阶级的状况作认真的调查。"而马克思以他无产阶级革命家的大无畏气魄，旗帜鲜明地站在工人阶级立场上，代表工人阶级利益大胆发声。

从调查表中我们可以看出，为了便于对收集到的材料进行统计分析，确定社会现象的相互关系，马克思将所要调查的 99 个问题按不同的性质做了科学的分类，共分为以下四个部分：第一部分，主要调查工人的基本情况以及工人的劳动环境和条件；第二部分，主要调查工人劳动时间和劳动强度，诸如日劳动时间、周劳动时间、年劳动时间，从吃饭时间看工人劳动时间，夜班、加班，等等；第三部分，主要调查资本家剥削工人情况和工人现实生活状况、住房情况、生活日用品价格、萧条和繁荣时期工资变动情况；第四部分，主要调查工人和资本家的斗争情况。通过回答马克思提出的这些问题，工人们可以明确地感知到自己在资本主义社会中所遭受的不公平的待遇和所处的悲惨境地，逐渐领悟并且认清资产阶级对自己进行的残酷剥削。如问卷中有这样一些问题：

"有没有采取防护措施来防止工人的肉体受到发动机、传动装置和工作机械的伤害？"

"如果你的工资是计件的，那有没有拿产品质量作为欺诈的借口，来克扣工资呢？"

"你是不是感到：这样拖延发工资，就迫使你经常跑当铺，付出高额利息，同时使你失去你所需要的物品，或者迫使你向小铺老板借钱，变成他们的债户，成为他们的牺牲品？"

"在你工作以来，你是不是知道有政府方面滥用国家权力来帮助老板反对工人的情况？"

"在你工作以来，这个政府是不是曾经帮助过工人反对企业主的勒索和非法的欺诈手段？"

"…………"

如此看来，马克思编制的调查表，就是揭露资本家剥削工人行径的"武器"，就是号召工人起来进行革命的"号角"。

马克思何以设计出这样具体的调查表

为什么说这份调查表是"武器"，是"号角"？这与它鲜明的"态度"分不开。

第一，调查表把抽象的理论通过通俗的调查问题展示了出来。剩余价值学说是马克思重要的经济学内容，也是马克思主义学说的一大支柱。调查表上尽管没有出现"剩余价值"这一抽象名词，却根据这一理论设计了许多相关的调查内容，通俗地询问了有关问题。如：请说明工作日一般有多长，一星期一般有几个工作日；有没有规定一定的吃饭时间，或吃饭是不定时的；你的工资是怎么计算的，是计时还是计件？这些实实在在的问题，有力地佐证了资本家榨取工人剩余价值的事实。

第二，调查表把工人们的悲惨境遇分门别类、细致地展示了出来。资本家把童工、女工等作为剥削对象，让他们从事和成年男工同样的劳动，调查表对此给予了关注。如问，招收的童工（男孩和女孩）最小是几岁；请说明童工和16岁以下的少年工人的工作时间；请说明和你在同一工厂工作的女工和童工在上述时间内的规定工资；等等。

第三，调查表将工人悲惨的境遇通过科学的定量分析展示了出来。调查表在定量分析上独具匠心，在所列的99个问题中，有34个问题要求直接填写数量，几乎凡是可用数量表达的地方都要求写清数量。

从这份调查表中，我们可以看出，马克思对工人阶级状况非常熟悉，对工人解放事业非常负责。如果不熟悉工人阶级的工作和生活的实际，缺乏对工人朋友的阶级感情，是设计不出这个调查表的。

如何向马克思学调研

马克思曾明确主张，解决重大理论问题的方法必须从调查研究中来。他曾多次深入群众、了解实际情况，掌握了大量的第一手资料，为开展理论研究奠定了坚实的基础。

青年马克思在《莱茵报》工作期间，就非常注重调查研究。1843 年，面对莱茵省总督对《莱茵报》记者发表的两篇文章的无端指责，时年 25 岁的马克思在查阅大量资料，对摩泽尔河沿岸地区居民的生活状况进行深入调查研究的基础上，发表了《摩泽尔记者的辩护》一文，以极其详尽的事实和无可辩驳的论证向傲慢、偏执的政府官员"开炮"，揭示了资产阶级对劳苦大众的欺压与剥削。

为了创作《资本论》，马克思研究过 1500 多种书籍和档案文件，并经常深入工厂和农村进行实地考察，对资本主义国家的经济状况进行了广泛的调查研究。马克思逝世后，恩格斯吃惊地发现，马克思的稿纸中竟有超过两立方米的材料是俄国的统计数据。

马克思还曾编写过一份针对各国工人阶级状况的调查大纲，这份调查大纲共调查了 11 个问题，包括被调查单位的名称和该单位对工人的态度，工人的年龄和性别、人数、工资、吃饭的时间、劳动条件，等等。这份大纲虽然比较简单，但涉及为研究工人阶级状况所必须了解的各个主要方面。

而《工人调查表》就是在这份调查大纲的基础上进行的一次细化和完善，可以说是开了马克思主义问卷调查的先河。这份调查表，也成为世界上首个有关工人生活方式的问卷调查，堪称搜集材料进行调查研究的范本。

问卷调查法具有操作简单、效率较高、范围较广、结果比较容易量化等优点，直到今天仍然是我们普遍沿用的调查方法。《工人调查表》给我们带来很多启示，比如调查表问卷设计要有明确的主题、合理的结构、较强的逻辑。在《工人调查表》中，马克思从资本家榨取工人剩余价值这一研究假设出发，所列问题都围绕这一中心，逐步设问，环环相扣。另外，问题的设计要通俗、具体，能让调查对象感觉问到了"心坎上"。

此外，开展调查研究还应注意拓宽工作渠道、创新工作手段。我们今天的生活环境和条件与马克思所处的时代相比发生了深刻的变化，因此我们不能再用老办法去联系群众、开展调查研究，而要善于借助现代信息技术建立联系。比如，用网站、QQ、微博、微信等工具进行网络问卷调查，用互联网、云计算、大数据等现代信息技术开展调查研究，这些方式具有时效快、成本低、客观性强、时空跨度大的优势。总之，一切好的方式和工具都可以为我们所用，正如习近平总书记所说："只要能联系群众，就要八仙过海、各显神通。"

参考文献

[1] 马克思.马克思恩格斯全集 [M].北京：人民出版社，1956.

[2] 潘允康.从社会学角度看马克思的《工人调查表》[J].天津社会科学，1983（S1）：81−85.

[3] 严建.马克思编制《工人调查表》前后 [J].社会，1983（01）：12−14.

[4] 汪彰隽.马克思设计的两份工人阶级状况调查大纲 [J].统计，1984（05）：19，42.

原文摘录

一

（1）你在哪一个工业部门工作？

（2）你工作的企业属于谁，属于私人资本家，还是属于股份公司？私人企业主或公司经理姓什么。

（3）请说明有多少职工。

（4）请说明他们的性别和年龄。

（5）招收的童工（男孩和女孩）最小是几岁？

（6）请说明监工和不是一般雇员的其他职员有多少。

（7）有没有学徒？有多少？

（8）除了固定的和经常有工作的工人以外，是不是在一定季节还从外面招收另外的工人？

（9）你的老板的企业是全部或主要为当地定户生产的呢，还是为整个国内市场或为了向其他国家出口而生产的？

（10）你在什么地方工作，在农村还是在城市？

（11）如果你工作的企业在农村，那末你的工作是不是你生活的主要来源？还是作为从事农业的补充收入，还是两者相结合呢？

（12）干活是完全用手工方式，还是主要用手工方式，还是用机器？

（13）请讲一下你工作的企业的分工情况。

（14）用不用蒸汽作动力？

（15）请说明生产各个过程的工作场所的数目。谈谈你所从事的那部分生产过程，不仅从技术方面，而且从它所引起的肌肉和神经的紧张程度以及对工人健康的一般影响的观点来谈。

（16）请谈谈工作场所的卫生状况：面积大小（划给每个工人的地方）、通风、温度、粉刷、厕所、一般卫生、机器噪音、尘埃、湿度，等等。

（17）政府或地方机关对工作场所的卫生状况有没有某种监督？

（18）在你的企业里有没有引起工人特殊疾病的特别有害的因素？

（19）工作场所是不是摆满了机器？

（20）有没有采取防护措施来防止工人的肉体受到发动机、传动装置和工作机械的伤害？

（21）请讲讲在你工作以来发生过的造成工人残废或死亡的最严重的不幸事故。

（22）如果你在矿上工作，请说明你的企业主为保证通风、防止爆炸和其他危险事故，采取了怎样的防护措施？

（23）如果你在冶金或化学生产部门，在铁路或其他特别危险的生产部门工作，请说明你的企业主有没有采取防护措施。

（24）你的工作场所使用的是煤气灯、煤油灯还是其他照明设备？

（25）在工作场所内外有没有足够的消防器材？

（26）企业主根据法律是不是必须付给不幸事故的受害者或他的家庭以抚恤金？

（27）如果不是，那末企业主是不是用某种方式给那些为他发财致富而在工作时受伤害的人以赔偿？

（28）在你的企业里有没有某种医疗设施？

（29）如果你在家中工作，请谈谈你的工作场所的状况；你用的只是一些普通工具呢，还是也有小机器？你是不是利用你妻子和孩子们的劳动以及其他辅助工人（成年工或童工，男工或女工）的劳动？你是为私人主顾干活，还是为"企业主"干活？你怎样同他们联系，是直接联系还是经过中间人？

二

（1）请说明工作日一般有多长，一星期一般有几个工作日。

（2）请说明一年有几个假日。

（3）在一个工作日内有哪些休息时间？

（4）有没有规定一定的吃饭时间，或吃饭是不定时的。[注：沙龙格对调查表的这一项作了下述补充："在哪里吃饭，室内还是室外？"——编者注]

（5）在吃饭时间干不干活？

（6）如果用蒸汽，请说明实际的开关时间。

（7）开不开夜工？

（8）请说明童工和16岁以下的少年工人的工作时间。

（9）在一个工作日内，童工和少年工人是不是换班？

（10）政府有没有通过控制童工劳动的法令？企业主是不是严格遵守这些法令？

（11）有没有为在你的工业部门劳动的童工和少年工人设立学校？如果有，那末一天中哪些时间孩子们是在学校度过的？他们学习些什么？

（12）在生产日夜进行的地方，采用怎样的换班制度，是不是由一班工人换另一班工人？

（13）在生产繁忙时期，工作日通常延长多久？

（14）机器是专门雇工人来擦拭的呢，还是由使用机器的工人在工作日内无报酬地擦拭的？

（15）采用哪些规划和处分来保证工人在工作日开始时和午休后准时上工？

（16）你每天从家里到工作地点以及工作后回家要花多少时间？

——摘自马克思《工人调查表》

1917

在精确观察中进行理性分析

——读李大钊的《可怜之人力车夫》

胡雅南

在解放以前，如上所述，推动我去调查研究的是我们国家民族的救亡问题……我们在寻求国家民族的出路，这也就决定了我们调查研究的题目。

——费孝通

1916年6月间，尘烟四起的北京前门大街上，应邀来北京担任《晨钟报》主编的李大钊坐在一辆人力车上，询问着车夫家住哪里、生活如何。车夫气喘吁吁地拉着车，直言他们的日子"苦到顶了"，"没过过这么憋屈的日子"，李大钊闻言，忧心忡忡地望向北京城里艰难谋生的人民……

这是热播电视剧《觉醒年代》中的一幕。在真实的历史上，李大钊在此时期对北京人力车夫的生活和健康问题做过一次深刻的调查，并于次年2月在政论性期刊《甲寅》上发表了《可怜之人力车夫》一文，引起了当时知识界对人力车夫群体的高度关注。

社会调查促成李大钊向马克思主义者转变

"无风三尺土，有雨一街泥。"20世纪初的北京城内路况极差，在八国联军入侵前，日本生产的人力车风靡北京。

这种以人力拉动的两轮小车可以让人足不点地就到达目的地，又能比轿车更方便地穿街过巷，逐渐成为北京城中权贵阶级的主要交通工具，人力车夫也因此成为北京城内最常见的劳工。据统计，"当时北京成年男子每九个人中必有一人为人力车夫，三人之中必依一人力车为生活"。人数众多，整日拉着车穿梭在大街小巷，靠着微薄收入维持生活的人力车夫，是当时挣扎在社会底层的一大群体。蒋梦麟曾感慨："北京城内似乎只有两个阶级：拉人力车和被人力车拉的。"

新文化运动时期，受"劳工神圣"和自由平等思潮的影响，知识分子们开始关注底层劳动人民，人力车夫的形象也频繁地出现在一系列文学作品中，如胡适的《人力车夫》（1918）、鲁迅的《一件小事》（1919）、郁达夫的《薄奠》（1924）、老舍的《骆驼祥子》（1936），等等。显然，作为近代社会调查的先行者，李大钊比众多人更早关注到了这一群体。

在成为马克思主义者后，李大钊更是依据马克思主义的社会政治改造要求进行社会调查，了解中国实际，更让人动容的是，在这些充满了主观情感的社会调查中，我们能清晰地窥见他在黎明前的黑暗中手持火炬、守望黎民的温暖身影。

李大钊的社会调查是建立在成熟的专业知识体系上的。在成为马克思主义者之前，李大钊就对社会学表现出了浓厚的兴趣。

1913 年，李大钊赴日。1914 年 9 月进入早稻田大学攻读政治经济本科，此时社会学刚刚兴起，早稻田大学将社会学放入哲学课内，李大钊的这一段求学经历让他具备了现代社会学的学术背景，为他以后的社会调查打下了扎实的学术基础。

1916 年 2 月，李大钊为反对袁世凯接受日本方面提出的《二十一条》以及袁世凯复辟帝制而经常旷课，因此被早稻田大学予以除名。回国后，李大钊社会学的学术背景和改造社会的愿望相互作用，让李大钊对中国的政治和社会保持密切关注。在日本东京时，他和一班早稻田大学政治经济学科的学生一起成立中国经济财政学会，宣称："本会以研究经济财政学理及调查事实，以期适用于中国为宗旨。"该学会的主要职责，就是开展调查研究。而他在中国进行社会调查的经历和结果让他更加深刻地认识了当时的中国社会，直接促成了他向马克思主义者的转变。

于"精确之观查"中"求达于真理"

李大钊主张"人生最高之理想，在求达于真理"。回国后的李大钊为探索救亡图存之路，在北京、唐山、上海等地都开展了针对弱势群体和底层民众的社会调查，通过亲身走访观察、与调查对象长期交往获得翔实可靠的第一手资料。

在《可怜之人力车夫》中，李大钊提出，"苟有精确之观查，年中车夫之殟 [殭] 卧而死者，必以患肺病者居多"，人力车夫之所以常罹患肺病，是因为长期在漫天浊尘中佝偻身躯奔跑，在急促的呼吸中吸入街上浑浊的灰尘，在长时间劳作下影响肺部健康。

李大钊的社会调查不只是简单地揭露人力车夫的悲惨境遇，表达他的同情与义愤，还对这一群体的存在现象进行了理性的分析。他说："夫以理言之，则以人类为牺牲，乃最背乎人道主义；以利言之，则驱尔许之劳力，掷于不生产之职业，乃见讥于经济原理。然以工厂不兴，市民坐困，迫之不得不归于此途，宁为牛马于通衢，犹胜转死于沟洫。京中人力车夫之所由日多者，乃概为救死问题，其他人道、经济之说，皆救死以后之事也。"

在李大钊看来，无论是从"理"还是"利"来看，人力车夫这种"职业"的存在都不合理。以人拉人，将一部分人作为其他人的牛马，且报酬低廉，这有违"人道主义"之"理"；让一部分人从事"不生产"，即不直接创造经济价值的"职业"，有违"经济原理"之"利"。但李大钊又同时意识到，人力车夫这种"职业"尽管于"理"于"利"均不合，却有其存在的现实合理性。"工厂不兴"，经济不发达，"市民坐困，迫之不得不归于此途"，这是人力车夫必然存在的原因。

既然暂时没法杜绝人力车夫这种类似"牛马"的职业，那么又该如何拯救他们于水深火热中呢？李大钊认为，很重要的一点就是要从改善他们的工作环境着手。针对当时车夫最容易得肺病的特点，李大钊提出政府应该"令车

1924 年，黄包车车夫

主每车备一避尘口囊，警察告以理由，令车夫于行路时使着之，一也；冬时备一双手囊，二也；夏时备雨衣雨帽各一具，置车箱中备用，三也。此等事，若由警察督饬车主为之；所费不多，而车夫之受其惠者厚矣。惟关心社会者图之"。

虽整篇文章仅有数百字，但李大钊针对人力车夫群体的待遇问题从现象到成因、再到解决措施都提出了自己的见解。特别是他把改善车夫劳动条件的方案提得如此具体，如果不是对这一群体的实际状况有深入研究，对车夫的疾苦有细致的体察和真切的同情，是不可能做得到的。也正是在他的带动下，针对人力车夫等城市贫民的社会调查在当时备受关注。

心系人民的革命战士

李大钊对社会调查有着浓厚的兴趣，在他短暂的一生中曾做过很多有影响力的调查研究。

1915年至1920年，针对当时青年自杀率不断攀升的社会现象，李大钊通过大量持续的观察敏锐地认识到这是社会矛盾和弊端的极端反映，于是发表了一系列文章进行调查分析，如《厌世心与自觉心》《新自杀季节》《一个自杀的青年》《青年厌世自杀问题》《论自杀》等。

五四运动前夕，受到马克思主义感召的李大钊开始关注工人阶级的状况。通过询问走访在唐山煤矿做工的朋友，李大钊了解了当时工人的真实情况，1919年3月9日，他在《每周评论》上发表《唐山煤厂的工人生活——工人不如骡马》一文，这篇文章也是中国最早关于工人生活的调查文章之一。

社会调查是认识社会的一种科学方式，因而撰写调查报告的文本应当保持客观，但李大钊从来不吝于在其中表达自己的主观情绪。他笔下字字蕴含对弱势群体的同情和哀怜，并呼吁对他们的社会境遇进行改善。

在《可怜之人力车夫》中他大声疾呼有关部门关照人力车夫这一劳苦群体："吾人既一时无善策，以拯此惨苦社会于风沙牛马之中，则不能不望以警察之力干涉车主（指出赁人力车者）之设备。俾奔走劳瘁之车夫，稍受涓埃之保护，或足以聊慰其不平之情乎？"

在《唐山煤厂的工人生活——工人不如骡马》中，他对煤矿压榨剥削幼年工人的行为痛心疾首："……也有许多幼年人，在那里作很苦很重不该令他们作的工，那种情景，更是可怜。"

在《论自杀》中，他对那些被社会环境所影响走上绝路的青年人也报以最大的理解："我们对于自杀者的个人，不忍加以苛责，说他们不道德，并且对于他们的境遇，要与以满腔的同情。我们对于自杀增加的社会，应细心考察自杀的社会的原因，而寻求那个社会背景的缺陷，以谋改造的方法，而为对于自杀的救济。"

李大钊是中国无产阶级革命家和中国最早的马克思主义者，

他的社会调查总是带着温和宽厚的理解与体恤，有着情感上的温度、人文上的关切，这也是他的社会调查最为深刻、最为动人之处。

调查研究是联系人民群众的重要途径和手段，也是增进与群众感情的机会和桥梁。习近平总书记曾强调，"要坚持党的群众路线，从群众中来、到群众中去，深入基层调查研究，亲近群众，联系群众，服务群众"，这就需要我们向李大钊同志学习，在调查中增进同人民群众的感情，真诚倾听群众呼声、真实反映群众愿望、真情关心群众疾苦，从人民的创造性实践中获得正确认识，把党的正确主张变为群众的自觉行动。

参考文献

[1] 黄道炫. 调查与革命：社会改造追求下的李大钊 [J]. 理论学刊，2021（04）：40-48.

[2] 黄道炫. 李大钊早期的"社会调查"[N]. 北京日报，2021-12-06（015）.

[3] 杨植迪. 论李大钊对自杀现象的评判及其理论贡献 [J]. 新乡学院学报，2014，31（09）：6-9.

北京之生活，以人力车夫为最可怜。终日穷手足之力，以供社会之牺牲，始赢得数十枚之铜圆，一家老弱之生命尽在是矣。

夫以理言之，则以人类为牺牲，乃最背乎人道主义；以利言之，则驱尔许之劳力，掷于不生产之职业，乃见讥于经济原理。然以工厂不兴，市民坐困，迫之不得不归于此途，宁为牛马于通衢，犹胜转死于沟洫。京中人力车夫之所由日多者，乃概为救死问题，其他人道、经济之说，皆救死以后之事也。

吾人既一时无善策，以拯此惨苦社会于风沙牛马之中，则不能不望以警察之力干涉车主（指出赁人力车者）之设备。俾奔走劳瘁之车夫，稍受涓埃之保护，或足以聊慰其不平之情乎？

北京浊尘漫天，马渤［勃］牛溲都含其中，车马杂踏之通衢，飞腾四起，车夫哮喘以行其间，最易吸入肺中。苟有精确之观查，年中车夫之殛［殭］卧而死者，必以患肺病者居多。应令车主每车备一避尘口囊，警察告以理由，令车夫于行路时使着之，一也；冬时备一双手囊，二也；夏时备雨衣雨帽各一具，置车箱中备用，三也。此等事，若由警察督饬车主为之；所费不多，而车夫之受其惠者厚矣。惟关心社会者图之！

——摘自李大钊《可怜之人力车夫》

1930

处处留心皆调查

——读毛泽东的《木口村调查》

张婷婷

> 讲调查的技术，也就是调查的方法。第一点是要开调查会，做讨论式的调查……第二点是讲调查会到些什么人……第三点是讲开调查会人多好还是人少好……第四点是讲调查的纲目……第五点是讲要亲身出马……第六点是讲要从个别问题深入……第七点是讲要自己做记录。
>
> ——毛泽东

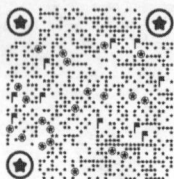

路过一个地方，吃顿饭，对大多数人来说，太过平常。而能利用这个机会留心搞调查的人就少了，能搞出重要调查的人就更少了。

毛泽东就利用吃顿饭的机会做了一次重要的调查，写下《木口村调查》。这是毛泽东在 1930 年 11 月 21 日，途经江西省吉水县一个叫木口的小村子时所做的专题调查，目的是了解"村政府委员的成份及本村所杀反动分子的成份"。这篇调查报告篇幅短小、精悍，语言朴实、简洁，数据翔实、精确，针对性强，思考的问题意义重大。

不放过吃顿饭搞调查的机会

木口村是吉水县一个风景优美的自然村。村子四周群山簇拥，乌江河绕村而过流入赣江。90 多年前，吉水县是一片红色热土，土地革命进行得如火如荼，毛泽东、朱德、黄公略、曾山等老一辈无产阶级革命家曾先后在吉水从事革命活动。

1930年11月18日，红军放弃吉安。19日毛泽东和古柏、谢唯俊从吉安前往永丰之藤田，与红军主力会合。21日从水南走山路去白沙，在木口村彭家祠吃午饭。毛泽东抓紧午饭前后的时间，托人找来该村干部，在彭家祠开调查会，调查了该村土地革命斗争的组织、村政府委员的成分和平分土地以及该村所杀反动分子的情况。

对这个小村子，毛泽东记录了相关情况并逐一分析了村政府委员的成分、劳动力及经济社会情况："吉水县水南区第八乡所属之木口村。全村二百人。全有劳动力的壮丁四十六人，都编入了赤卫队。村政府设在祠堂里。""村政府九个办事人：主席、秘书、土地委员、社会保险委员、赤卫委员、粮食委员、裁判委员、妇女委员、青年委员。""以上七个村政府办事人，小地主一个，中农三个，贫农三个，其中中农都是分进土地的。"

江西省吉安市吉水县白沙镇木口村

调查中，毛泽东对每个人家中几口人吃饭、田产多少、家族经济收入怎样、分田情况、家中粮食够不够吃、个人习性都做了详细调查。

随着农村革命根据地的建立，中国共产党开始领导人民进行土地革命。广大贫困农民分得了土地，真心拥护共产党，成为根据地存在和发展的重要基础。但由于缺乏实践经验，土地政策存在着打击中农和富农，没收一切土地的"左"的倾向，也存在着不开展分田斗争的右倾错误，不利于团结一切可以团结的力量。由此，毛泽东的《木口村调查》极具现实意义。

在这篇调查报告中，毛泽东详细调查了"本村共杀了七个反动派"的情况。"本村共杀了七个反动派：彭家光、彭家善、彭家俊、彭培均、彭昌隆、彭昌禧、温志贵。""以上杀掉的七个反动分子，小地主富农各三人，流氓一人。"从中可以得知，当时农民虽然知道土地革命，但并没有理解到位，对于地主及富农只是一味地打倒。了解真实情况后，毛泽东得出了结论："中农在平分土地中不但无所失而且有所得，富农小地主则在农民的激烈斗争中便要走到反革命阵营中去的。"但也提出，这七个人是否每人都应该杀，却是问题。

通过调查，毛泽东发现在对待富农、小地主、中农的问题上存在"左"的错误倾向，意识到在对待地主阶级的政策上可能存在的偏差和问题，并用阶级的观点对革命队伍中的动摇者进行了剖析，同时也对苏区政府肃反扩大化的做法进行了深刻反思。

当月毛泽东在吉安连续做了五次调查

中国现代史上有一年值得一说：1930 年。

这一年，发生了"中原大战"，红军九打吉安，一打赣州，打下长沙，进行了第一次反"围剿"。

这一年，还是毛泽东早期革命的"调查年"。他写下了《寻乌调查》《兴国调查》等一系列著名调查研究报告。1930 年 11 月，仅一个月时间，他就在吉安农村连续做了五次社会调查，积累了许多内容丰富、生动、深刻的调查材料。

1930 年 10 月 30 日，红一方面军总前委和江西省行委在新余罗坊召开联席会议，决定以"诱敌深入"的作战方针粉碎国民党对中央苏区的第一次"围剿"。罗坊会议结束，毛泽东返回吉安部署红军撤退转移，途中在吉安的东塘、大桥、李家坊、西逸亭和木口五个村做了社会调查。

11 月 7 日，毛泽东身着便装，来到吉水县同水区第十五乡东塘村（今枫江镇东塘村）苏维埃政府驻地老众厅。毛泽东连夜召集该村政府秘书兼平民学校教员胡德顺和其他村干部，在老众厅前

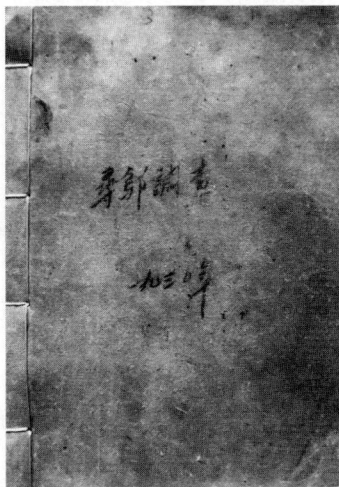

《寻邬调查》

栋开座谈会，了解该村人口、户数、土地分配和家庭副业、群众生活等情况，并写下了《东塘调查》。

11月8日上午10时，毛泽东从东塘来到吉水金滩区第九乡的大桥村（今黄桥镇大桥村），和乡政府主席孙修恩及部分群众亲切拉起家常。随后，还托人找到这个乡的干部召开座谈会，调查了土地分配情况、农民经济情况、金滩区征兵情况，向干部与群众宣传扩红支援前线的意义。由于随身带的纸张不够，他便掏出烟盒，在这张小小的烟盒纸上详细记下来，并在广泛调查的基础上写下了《大桥调查》。

在这一天下午，毛泽东还马不停蹄在李家坊和西逸亭村做了专题社会调查。在李家坊，毛泽东着重调查了村政府和乡政府的行政范围、机构设置、经费来源以及工作人员等方面的情况，从而了解"这些地方的村乡两级苏维埃在土地斗争中的组织和活动情形"。毛泽东说，"在这次调查前，我对于那些情形的观念是模糊的"，调查后发现，"哪晓得实际情形完全两样"！在西逸亭村，毛泽东重点调查了土地分配情况，通过调查，毛泽东发现"以村为单位分配土地的严重性"，认为利于富农不利于贫农的以村为单位的土地分配方法"是应该改变的"。

接下来的1930年11月21日，毛泽东又写了《木口村调查》。这五次调查是随机的，也是富有成效的，其调查的主要内容如下：一是关于农村当前土地分配情况；二是关于村乡两级苏维埃政府在土地斗争中的组织和活动形式；三是关于对待富农、小地主、中农的政策等。这在当时，为党和红军了解农村和城镇的情况、研究革命斗争中存在的突出问题、制定正确的方针政策提供了丰富、翔实的第一手材料和重要依据，而且为后人研究中国农村和城镇的经济、政治和各种社会状况提供了宝贵的历史资料。

"眼睛向下，不要只是昂首望天"

调查研究是毛泽东同志一生所倡导的科学工作方法，是他一生所极力推崇的思想方法。

正确的决策深埋在国情的"土壤"之中，要把它找出来，必须拿起调查研究这把"锄头"。毛泽东强调，做好调查研究，要"眼睛向下，不要只是昂首望天"。"没有眼睛向下的兴趣和决心，是一辈子也不会真正懂得中国的事情的。""实际政策的决定，一定要根据具体情况，坐在房子里面想像的东西，和看到的粗枝大叶的书面报告上写着的东西，决不是具体的情况，倘若根据'想当然'或不合实际的报告来决定政策，那是危险的。"

因此，在社会主义革命和建设时期，毛泽东思考问题、做决策，都把调查研究作为一切工作的基础，提出了很多适合中国实际的好思路、好方法、好举措。他经常亲身、亲临、亲为，近的远的都要去，好的差的都要看，干部群众表扬和批评都要听，获取基层"万千气象"的第一手资料。他还做到与人民群众惺惺相惜，"要和群众做朋友，而不是去做侦探"。

调查研究是为了看清全貌，发现真相、解析真相，了解真实的国情社情、民心民意，做出正确的判断。这是一个在矛盾中抽丝剥茧，理清思路，找到最优解的过程。因此，在严酷的革命斗争环境下，毛泽东所做的一系列调查研究，涉及社会、经济、军事等多方面，实际上都与当时的革命形势密切相关，且都有一个核心指向，即发动和领导最广大的人民群众，打倒国内外反动势力，争取革命的胜利。

木口村调查，虽然已经过去 90 多年了，但其调查方法和艺术以及深入细致的调查作风，在大兴调查研究的今天尤具借鉴意义。我们要从木口村这次调查中汲取精神养分，汲取群众智慧，让调查成为我们进行科学决策的源头活水。

参考文献

[1] 苏亮. 毛泽东怎样开展调查研究 [N]. 学习时报，2022-04-08（02）.

[2] 邓兆明. 试论毛泽东的调查研究理论 [C]// 毛泽东生平和思想研讨会组织委员会. 毛泽东百周年纪念：全国毛泽东生平和思想研讨会论文集（上）. 北京：中央文献出版社，1994：191-207.

原文摘录

吉水县水南区第八乡所属之木口村。

全村二百人。

全有劳动力的壮丁四十六人，都编入了赤卫队。

村政府设在祠堂里。

村政府九个办事人：主席、秘书、土地委员、社会保险委员、赤卫委员、粮食委员、裁判委员、妇女委员、青年委员。

主席刘兴南（小地主），两个人，有五十六石田（每石田出谷三箩，每箩四十斤），耕十多石，出租四十石。因好赌，没有钱放帐。此次分田大部分出去了。秘书彭家发（中农），八个人吃，有四十八石谷田，还租入二十几石，够食，不欠债。此次分田每人分得七石八斗，共计六十二石四斗，分进来了十四石四斗，这是中农分田进来的证据。土地委员刘兴文（贫农），三个人，十石谷田，不够食，这回分进来了十三石四斗，过去欠债六十元。社会保险委员伍开连（贫农），四个人吃，十六石谷田，不够食，租入二十多石，此次分进十五石二斗，过去欠了账。赤卫委员彭家兄（中农），过去一个人吃，十二石谷田，因还高利债，卖掉六石，只剩六石，够食，还帮人做零工，没老婆，不能供猪子，好赌，欠债三十元。革命后"由"了一个老婆，老婆带来了一个十三岁的儿子及一个十三岁的媳妇，现在四个人分田，每人分得七石八斗，共得三十一石二斗。以本人说，原只六石，今分七石八斗，增加了一石八斗，又是中农分田进来的一个证据。粮食委员徐传章（贫农），一个人吃，只有二石谷田，不够，帮人做零工，现分进了五石八斗，还没有老婆。裁判委员由主席刘兴南兼。妇女委员杨九英（中农），五个人，五十石谷田，她丈夫和她的家翁耕种，够食，没有多余，不欠债。这次分田分进来了六石谷，又是中农分进田的一个证据。以上七个村政府办事人，小地主一个，中农三个，贫农三个，其中中农都是分进土地的。

本村前年起就革命，今年正月分田（从东固区分过来的，本村从前属于东固）。本村政府委员均吃自己的饭，政府一路来不起伙。

本村共杀了七个反动派：彭家光、彭家善、彭家俊、彭培均、彭昌隆、彭昌禧、温志贵。彭家光（小地主），三个人吃，有三十多石谷田，在水南开布店，田租给人耕，收租，店内生意不好，每年蚀本，经手收第三十八都的捐税从中图利，吃鸦片，读书人，是个大劣绅。彭家善（富农），彭家光之弟，五个人吃，有四十多石谷田，有钱放债。因废债伤了心，勾结河南土匪，去年七月和他的老兄一起被捉，杀了。彭家俊（流氓），三个人吃，无田，欠人债。参加革命，在东固游击队当副官，又当过司务长，又当过军需。后头开小差，弄了三支枪，私打土豪当土匪，去年被捉，杀了。平素好打牌。彭培均（富农），四个人吃，有百二十石田，请两个长年耕，还把一半租与人耕，有钱放债。群众平田烧契，他不肯，杀了。彭昌隆（小地主），四个人吃，六十石田，均租与人耕，放薄荷油钱、黄麻钱，读书人，在吉水县教书，跟河南土匪一起，火线上捉到杀了。彭昌禧（小地主），三个人吃，彭昌隆之弟，六十石田，放薄荷油钱、黄麻钱，借一元还谷三箩，前年三月杀了。温志贵（富农），七个人吃，三十石谷田，租入百多石，自己劳力外，还请一个长年及许多零工，不放债，兼做小生意，担鸭子及油果子卖。勾通河南土匪走漏革命消息，被杀。（所谓河南土匪，就是一部分河南人移居江西吉水县，其中有些人当土匪。）

以上杀掉的七个反动分子，小地主富农各三人，流氓一人，证明小地主富农当土地革命深入时，有许多人是要走向反革命方面的。但这七个人是否每人都应该杀，却是问题。

　　　　　　　　　　　　——摘自毛泽东《木口村调查》

1941

用简洁文字反映实际情况

——读高克林的《鲁忠才长征记》

佟秋月

这是一个用简洁文字反映实际情况的报告，高克林同志写的，值得大家学习。现在必须把那些"下笔千言、离题万里"的作风扫掉，把那些"夸夸其谈"扫掉，把那些主观主义、形式主义扫掉。高克林同志的这篇报告是在一个晚上开了一个三个人的调查会之后写出的，他的调查会开得很好，他的报告也写得很好。我们需要的是这类东西，而不是那些千篇一律的"夸夸其谈"，而不是那些党八股。

——毛泽东

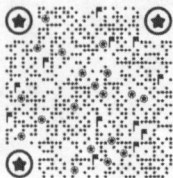

用一个晚上的时间，开了个三人调查会，匆匆写成了一篇关于运盐情况的调查报告……

然而就是这次简短的调查，这篇来不及"润色加工"的调查报告，获得了毛泽东的极力点赞。他不仅亲自为这篇调查报告拟定了题目，写下了一段长长的按语，还将其推荐给延安《解放日报》连载发表。

这就是高克林在 1941 年写下的调查报告《鲁忠才长征记》。这篇调查报告不但在当时产生了非常大的影响，而且也有着重要的价值。1948 年，中共晋冀鲁豫中央局在编印《毛泽东选集》时，把经毛泽东修改的《鲁忠才长征记》作为毛泽东的长篇报告《经济问题与财政问题》的附件收录。1980 年 9 月 25 日，中共中央宣传部在《宣传动态》第 40 期上重印了《鲁忠才长征记》，并加了一段按语，指出"调查报告用简洁的文字，介绍了事情的经过、成就和经验教训，富有说服力地指出：党和政府的运盐计划、估计、办法，是完全正确的。经济问题讲得这么生动具体，引人入胜，的确是值得称道的"。

这次调研好在哪儿?

毛泽东为什么如此看重这篇调查报告?这次调研好在哪?解决了什么问题?这得从当时的背景讲起。

抗日战争期间,为解决陕甘宁边区面临的财政和经济问题,有人主张整理税收和发展生产,发展生产的资金主要依靠军队组织群众运盐和增发边币。盐是当时边区的重要资源,对外运销的确对解决边区的财政经济困难具有十分重大的意义。中共中央西北局于1941年5月18日发布《关于运销食盐的决定》。5月26日,边区政府作出了动员边区人民运销六十万驮食盐的决定。对于西北局和边区政府的决定,有人不以为然,认为从定边向关中运盐得不偿失。西北局和边区政府的领导对此也有不同看法,有人认为这样大规模运盐,势必增加群众的负担。因此,一些干部顾虑重重,运盐工作进展迟缓。为深入了解运盐工作的情况,以便制定相应的政策,统一全党思想,毛泽东同志让西北局的同志写一份关于运盐的调查报告,限三天之内完成。

8月13日,这项工作落到了当时在延属十县工委做秘书工作的高克林同志身上。由于时间紧迫,高克林同志接受任务的当晚,便召集刚从定边县盐池运盐归来的城关区副区长鲁忠才以及王毓贤、孔照庆开了一个调查会了解情况,让他们详细讲述了第一次运盐的经过。经过算账,他们认为一般能驮150斤盐的毛驴,运一趟可赚100元以上。这一结论证明党和政府的运盐计划、估计、办法是完全正确的。

高克林根据记录整理了运盐者的沿途经过、沿途困难、发生的问题、经验教训等，写成了一篇调查报告。报告虽然只有短短2700多字，却讲了七大方面近40个小内容：应去驮盐的牲口未征集够的原因；运盐往返的天数、路程、站名及各地概况；沿途的困难；一路生活情形；路上所发生的问题；用费和赔赚问题；经验教训；等等。因时间紧迫，高克林来不及对报告进行仔细润色和加工，于当晚写好后，第二天一大早就派人将调查报告送往延安。

不是千篇一律的"夸夸其谈"

毛泽东看过这篇调查报告后，认为写得很好，特地写了一段一百多字的按语，并亲自拟定标题推荐给《解放日报》发表。他的按语是这样写的：

"这是一个用简洁文字反映实际情况的报告，高克林同志写的，值得大家学习。现在必须把那些'下笔千言、离题万里'的作风扫掉，把那些'夸夸其谈'扫掉，把那些主观主义、形式主义扫掉。高克林同志的这篇报告是在一个晚上开了一个三个人的调查会之后写出的，他的调查会开得很好，他的报告也写得很好。我们需要的是这类东西，而不是那些千篇一律的'夸夸其谈'，而不是那些党八股。"

从中可以看出，毛泽东不仅认为这篇调查报告写得很好，还认为开调查会的方法也很好，也就是在这个按语中，毛泽东首次提出了"党八股"问题。后来，在1942年2月，毛泽东又专门就按语中提到的"党八股"文风问题发表了题为《反对党八股》的演讲，明确指出"党八股这个形式，不但不便于表现革命精神，而且非常容易使革命精神窒息。要使革命精神获得发展，必须抛弃党八股，采取生动活泼新鲜有力的马克思列宁主义的文风"，"代之以新鲜活泼的、为中国老百姓所喜闻乐见的中国作风和中国气派"。

延安《解放日报》刊登的《鲁忠才长征记》

"开调查会，是最简单易行又最忠实可靠的方法"

这篇调研报告，诞生于一次调查会。开调查会即会议调查法，是指调查者通过召集一定数量的调查对象举行会议，利用会议形式来搜集资料、分析和研究某一调查内容的一种调查方法，实际上是访问调查法的一种扩展形式。会议调查法简便易行，工作效率高，可以使调查者较快了解到比较详细、可靠的社会信息，节省人力和时间。这种方法在调查研究工作中比较常用。

毛泽东同志在 1941 年就曾指出："开调查会，是最简单易行又最忠实可靠的方法，我用这个方法得了很大的益处，这是比较什么大学还要高明的学校。"

做好会议调研，一要明确问题。"问题"是调查研究的出发点和落脚点，问题意识是做好调查研究工作的重要基础。会议调研尤其不能满足于看材料、听汇报，不能不真正了解实情，不触碰具体问题，而应像高克林的调查会那样直面问题。《鲁忠才长征记》阐述了很多问题，有具体的问题，比如"有几站路难走，有一个站蚱蜢多，两站水少"，"有几家去坏驴，结果驮的少"，故意"打烂帐，以为驴一定会死"。也有观念上的问题，比如个别人"在路上'耍死狗'装病，偷跑回来"，"部分干部及群众对于去三边驮盐的恐怖观念（'死人死牲口，一去不得回来'）"，不一而足。高克林在调查中，非常善于抓住问题，带着问题思维做调查，并且把问题都一一陈述出来，没有回避。

二要细致深入。会议调研尤其忌讳大而粗，问题一带而过，由于会议调研没有深入第一现场，没有"眼见为实"的感性认识，就更考验调研者见微知著的"好眼力"和"细心眼"。在调研的过程中要带着问题仔细看，站在群众的角度认真算。在《鲁忠才长征记》中，高克林就把一路的经济账算得十分清楚，比如生活的账，"给店里柴钱多则八元，少则三元，全看你和店掌柜的关系"，"沿路自做自吃，每顿共需米七升约二十五斤"。又比如运输的账，"每一头驴平均的用费——料二斗，共洋六十元；粮每人一斗五，一人赶两驴，每驴摊七升五，价洋三十五元……外加盐本二十元。平均每驴费洋一百八十五元"。类似这种精细账在文中随处可见，明明白白，一目了然。

三要得出结论。会议调研只是手段，得出正确的结论才是目的。通过开调研会，经过仔细算账，高克林得出结论：一般能驮 150 斤盐的毛驴，跑一趟可赚 100 元以上；好驴赚的钱多，弱驴赚的钱少。这一结论证明，"党和政府的运盐计划、估计、办法，是完全正确的，个别同志的怀疑，没有信心，认为是负担……都是不正确的肤浅的看法"。它证明了毛泽东的运盐计划是完全正确的。

四要把调查报告写得简洁明了。什么样的调查报告是好的调查报告？《鲁忠才长征记》就是一个很好的案例。这篇调查报告虽然写得很匆忙，作者来不及"润色加工"，但它内容具体，文风朴实。报告用简洁的文字介绍了事情的经过、成绩和经验教训，一路上好的例子、坏的例子、运输的账、总结的经验等方方面面讲得一清二楚。整篇报告没有"穿靴戴帽"，通篇没有一个形容词、一组排比句，没讲一句意义、作用，全部都是直奔主题、直插问题，紧紧围绕着问题做文章。这也是毛泽东表扬高克林的报告"写

得很好"，肯定"这是一个用简洁文字反映实际情况的报告"的
原因所在。

参考文献

[1] 中共中央文献研究室.毛泽东年谱[M].北京：中央文献出版社，2002.

[2] 张军孝.新时代再读高克林的《鲁忠才长征记》[J].今传媒，2019（01）：5-7.

[3] 刘统.毛泽东痛批"夸夸其谈"：《鲁忠才长征记》与延安文风改造[J].同舟共进，2008（03）：46-48.

原文摘录

（五）路上所发生的问题：

好的例子：

1. 牲口没有出毛病，一乡和三乡的牲口去时瘦，回来肥了，原因脚户负责，当心喂。

2. 脚夫也没有出毛病的，大家身体很好，情绪高，没有一个瘦了，就是晒黑了些。

3. 沿途没有遗东西，牲口也没吃人庄稼。主要是鲁副区长是个老脚户，有经验，又负责，又细心，人也灵活，所以成绩很好。

坏的例子：

1. 第三乡第一行政村村长杜海，卖了好驴，买头坏驴去，结果驴乏了，没有驮盐，白费了一百六十五元的路费，另外第三乡派去一头坏驴子（腰坏了），四乡监军台村去了一头坏脚驴，都没有驮盐，白费了一百六十五元路费。另外该村一头驴被着烂鞍子，结果压了脊梁。第二乡乡长有头驴，去了一头坏驴，鞍架都不好，在路上捣麻烦。这些事事先区级政府没有细检查，有些像已知道，也未纠正，结果二十八头驴子，只有二十五头驮盐，其余的三头空走一趟，盐价分文无着，白赔了五百到六百元路费，里外损失共在一千五百元以上，此事很值得区乡干部警惕。

2. 四乡监军台村村会长不听鲁副区长指示，不给牲口带好料（莜麦、蚕豆），而将高粱等坏料充数，结果该乡牲口因没好料吃，在路上发生卧下的事。准备向该村会长作斗争，处罚他。

3. 四乡脚户杨万保，在路上"耍死狗"装病，偷跑回来，乱造谣言说："死了两个人，鲁副区长和一个姓王的。路上没饭吃，驴脊梁都压烂了，店里不能寄粮……"使得城内好多人不安心。区上对这件事注意不够，以后要警惕。

4. 有几家去坏驴，结果驮的少，每驴只驮百一十多斤。还有四乡监军台村，一家打发驴走时，把笼头都换成坏的，准备驴死，所以一切都不要了。二乡乡长的驴子，这次回来，离家只有十多里就卧下了，他也不肯派好驴去接，打烂帐，以为驴一定会死，一定不会回来的，所以不接。

5. 有一二头驴子驮的太多，分给另一空驴驮了四五十斤，到孙三要险（地名）税局检查，因无票，被没收盐五十斤，口袋一条（值洋二十元）。

（六）用费和赔赚问题：

1. 每一头驴平均的用费——料二斗，共洋六十元；粮每人一斗五，一人赶两驴，每驴摊七升五，价洋三十五元；路费七十元；合共一百六十五元。外加盐本二十元。平均每驴费洋一百八十五元。

2. 平均一乡每驴驮一百三十斤，二、三、四乡每驴驮一百十斤，按现在交到镇盐价，每百斤二百元，每驮可卖盐价二百二十元至二百六十元。

3. 就现有每驮盐价，扣去用费，最少可赚三十五至七十五元。

附注：

一、若每驴能驮一百五十斤盐，按现在盐价每驮保证赚一百元以上。

二、说二、三、四乡每驴只驮一百十斤，一乡驴驮一百三十斤，是脚夫说的，一定"打埋伏"，——因这里一般驴子可驮一百五十斤。

三、同时说明了一个道理：只有好驴，才能更多的赚钱，驴愈坏愈少赚，以至亏本。

（七）经验教训：

经验：

1.城关区这次运盐胜利回来，证明党和政府的运盐计划、估计、办法，是完全正确的，个别同志的怀疑，没有信心，认为是负担……都是不正确的肤浅的看法。

2.打破部分干部及群众对于去三边驮盐的恐怖观念（"死人死牲口，一去不得回来"）。正相反，驮盐回来的牲口，反而肥了，人强壮了，就是晒黑了些。

3.证明驮盐可以赚钱，打破那些"一定赔本"，"每驴要赔本六百元"，"是边区最大的一次负担"一类不合事实的瞎说。

4.证明区乡级特别是乡级某些干部，工作不负责（没有细心检查），包庇（村会长、乡长可以去坏牲口而不去追究），舞弊（把坏高粱充好料），成为落后群众的尾巴。

5.干部的决定作用。城区因副区长鲁忠才有经验、灵活、负责，每到一地，遇一事，即开脚户大会讨论——连每头驴应驮多少盐都讨论过。结果，人与牲口不但没有损失，反而比去时强壮了，情绪高了。

——摘自高克林《鲁忠才长征记》

1941

在全面调查中"解剖麻雀"

——读李卓然的《固临调查》

张勤繁

实际政策的决定，一定要根据具体情况，坐在房子里面想像的东西，和看到的粗枝大叶的书面报告上写着的东西，决不是具体的情况。倘若根据"想当然"或不合实际的报告来决定政策，那是危险的。

——毛泽东

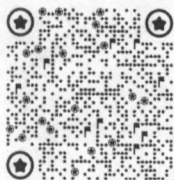

　　1941 年 9 月 24 日至 11 月 25 日，时任中共中央西北局宣传部部长的李卓然，"组织了一个 6 个人的考察团"，对陕甘宁边区政府下辖的固临县进行了为期两个月的详细调查，形成了 10 万字左右的《固临调查》，内容涵盖人口及阶级成分、经济社会情况、基层党和政府的工作等方方面面，成为延安时期一个非常翔实的调查报告。《固临调查》于 1942 年 4 月作为"党内刊物印出"，目前存世不超过五本，其中一本存于延安革命纪念馆，为国家级文物。报告原文收录于《李卓然纪念文集》等图书，对于我们深入了解当年边区情况、深入开展调查研究具有重要的史料价值和借鉴意义。

特殊年份的一次特殊调研

　　涛澜汹涌变化倏忽，风云开阖动心骇目。1941 年，是人类历史上一个极为重要和特殊的年份。年初，亲痛仇快、震惊中外的皖南事变爆发；5 月 1 日，经中共中央批准的《陕甘宁边区施政纲领》正式发布，中国共产党与各党派、群众团体按照"三三制"组织抗日民主政权的做法写入边区政府"宪法"；6月，苏德战争爆发，日本侵略者决意加紧对华作战，中国战场成为世界反法西斯战争的东方主战场，涌现了"狼牙山五壮士"等众多英雄事迹；12月，日军偷袭珍珠港，太平洋战争爆发，二战迎来重要转折点……

身处乱世，面对变局，加强自身建设成为我们党迎战风雨、击楫中流的关键一招。针对党内许多同志"还不了解系统的周密的社会调查，是决定政策的基础""对于他们自己从事工作区域的内外环境……均缺乏系统的周密的了解"的问题，1941年8月1日，党中央向全党发布了《中共中央关于调查研究的决定》和《中共中央关于实施调查研究的决定》两个文件，8月27日设立中央调查研究局，毛泽东兼任局长，任弼时为副局长，推动全党上下展开了一场深入的调查研究活动，掀起全党的调查研究热潮。调查研究作为党的一项重要工作制度被确立起来。

宣传工作作为党的一项极端重要的工作，尤其需要深入了解各方面的情况，切实做到有的放矢、有效推进。1941年5月13日，中共中央决定，原中央西北工作委员会和陕甘宁边区中央局合并成立中共中央西北局，统一领导包括西北五省及山西、内蒙古相关区域在内的西北地区党的工作，任命李卓然为候补委员、宣传部部长。新成立的西北局，工作范围更广、工作职责更多、工作要求更高。对此，西北局拟参照1939年成功召开陕甘宁边区宣传会议的经验做法，筹备召开边区第二次宣传会议。"为着了解边区下面的一些具体的情况作为迎接第二次全边区宣传会议的准备"，李卓然部长率队在固临县的三个区进行了深入的调查和研究。

　　固临县设立于1937年7月，位于现在的延长县和宜川县一带，东临黄河，与山西隔河相望，由红宜县改置而来，并整合了宜川县的固州（今陕西省延长县赵家河），取固州和原红宜县政府驻地临镇的首字为名，1948年撤销。固临县地处延安东南方向，距离延安城100多千米，当时其东面的宜川县属于国民党统治区，西面为南泥湾，位于陕甘宁边区和国民党统治区的交界处，经济条件和各项工作在全边区处于中游，在这里开展调查研究具有较强的代表性。同时，固临县是考察团内两位同志的家乡所在地，"故人地熟悉，调查方便，所得材料亦较为确实"。

自1941年3月起，进驻南泥湾的八路军战士送公粮支援前线

全面"解剖麻雀"的典范

《固临调查》由更乐区张家乡调查、庆元区白虎乡赵家河调查、临镇区调查、区乡工作考察、临镇街上调查5个部分组成，内容涉及农民的生产与生活情况、农村的阶级成分变化、运盐工作、组织工作、宣传工作、工会工作、教育情况、自卫军工作、锄奸工作、妇女工作、青救会工作等，还包括一些主要会议记录和工作人员的生活记录，全面、客观、立体地反映了人民群众的生产生活状况和基层工作情况。报告文风朴实、内容鲜活，细细读来，犹如观看一部历史纪录片，满纸"画面"和"声音"，给人身临其境之感。

80多年前的这篇调研报告，之所以能够产生跨越时空的魅力，主要在于他们采取了科学的调研方法。报告的5个部分涉及5个不同地方，调研内容既紧密联系又各有侧重、既全面具体又详略得当，记录了大量具体事例、人物对白、数据图表等，清晰明了、原汁原味地反映了基层情况。比如，在更乐区张家乡调查时，采取个别家庭访问法，共访问了26户人家，对家庭成员、土地牲畜、作物耕种、收入开支、参加革命工作等情况应问尽问、应记尽记，选取其中5家收录到报告里，他们有贫农、中农、富农、小学教员和"二流子"，非常具有代表性。为充分反映基层党委政府的工作，报告还专辟章节，以日记形式，详细记录了"支书孟好贤廿天的生活"和"乡长张忠半月生活杂记"，大到布置送粮和运盐工作，小到在家驮水、磨面，都一一记录。在临镇区觉德村调查时，详细记录了该村 11 月 16 日晚动员救国公粮会议情况，连个别老百姓在讲小话、区保安科副科长石某呵斥其"讲什么话！"这样的细节都没有遗漏。

在调查过程中，除了力求翔实、客观地记录外，李卓然率领的调研团队，还特别注重运用对比法进行观察和分析。在纵向比较方面，收集整理了 1934 年至 1941 年的各类数据，全面分析了 1935 年土地分配前后人口数量、受教育人数、牲畜数量、农民收入与负担等方面的变化，用实实在在的数据说明了土地革命之后农民的负担减轻了、政治地位提高了、受教育的人数增加了，等等。在横向比较方面，主要是对不同阶层之间的收入与负担情况、各阶层负担最重者与最轻者之间的情况、边区与国民党统治区之间的政策进行对比，以此印证基层工作中的创新做法和存在的问题等。

毫无疑问，《固临调查》是运用全面调查法的典型案例，这与李卓然同志长年从事革命工作、高度重视调查研究是分不开的。李卓然 1899 年 11 月出生于湖南省湘乡县一个农民家庭。1920 年同周恩来、赵世炎等赴法国勤工俭学。1926 年起先后在莫斯科东方大学、中山大学、列宁格勒军政学院学习，其间"对政治比较感兴趣，愿意做一些调查"。1929 年毕业后回国，在上海从事兵运训练工作，被派往中央苏区后担任中华苏维埃共和国临时中央政府主席毛泽东办公室主任，经常开展调查研究。1931 年下半年起担任赣南特委委员兼赣县县委书记，这段经历也使他懂得了"一个人倘若没有在基层，没有在农村工作过，不知道工农，这种人是做不好工作的"。在《固临调查》序言中，李卓然开宗明义写道："毛主席的《农村调查》是我们这次考察团随身带着的唯一书本，他的方法给了我们极宝贵的指示。"

"这次调查给了我们一个大的刺激"

在如火如荼的革命年代，调查研究对于总结工作、发现问题、纠正偏差起着十分重要的作用。根据翔实的调查材料，《固临调查》提出了"急待正本清源并具体解决的"4个方面的问题。这些问题，用现在的话语表述，可以大概理解为基层组织软弱涣散、农业生产率上不去、农村中的思想斗争不强烈和宣传教育非常薄弱、县区两级的工作与学习制度均没有经常性地建立起来。《固临调查》详细论述了这些问题的具体表现、形成原因、相关危害和改进办法等。

《固临调查》在阐释"党和政权的下层组织机构——支干会、乡政务委员会、乡参议会等，均没有建立起自己的经常工作"问题时，明确指出"支干会的五个干事（支书、组织、宣传、经建、军事）与乡政府的七个委员（乡长、经建、锄奸、文化、优抗、卫生、仲裁）中有全不知自己要做什么事情的"，"工会与妇联在乡村中的组织都是空架子，青救会也只有一点形式上的工作"，并分析了造成这一现象的主要原因，一方面是上级领导机关某些人"主观主义与官僚主义作怪"，使一些决定不符合实际，在基层行不通，另一方面是区乡干部大多数为工农出身，"文化程度太低，又缺乏日常工作中的具体教育和帮助"，容易故步自封、自以为是，使上级的指示文件和群众的严重呼声"常被忽略过去"。《固临调查》指出，"这两方面原因所产生的结果"，不仅会使

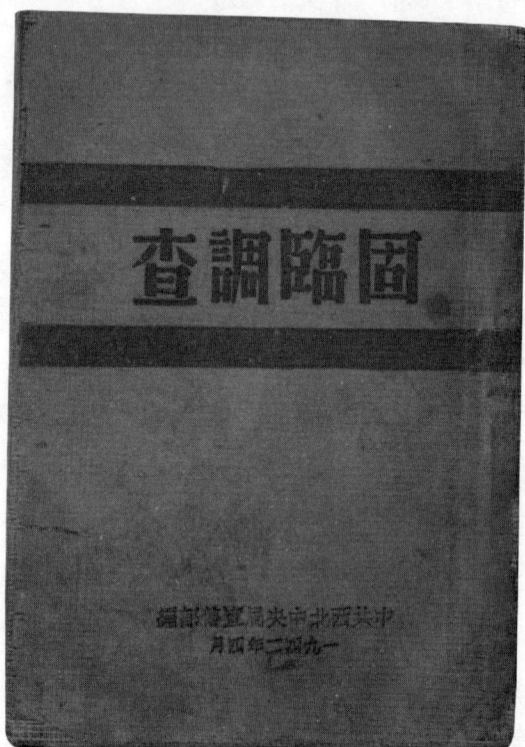

《固临调查》

乡村中党政组织的工作僵化，而且"会给少数自私自利之徒或腐化变节分子在乡村中的胡作乱为甚至造谣破坏以可乘之机，影响到党与群众的联系脱节"。

针对这些平时没有注意到或不曾重视的问题和不足，李卓然在《固临调查》里坦言："这次调查给了我们一个大的刺激，使我们开始认真地觉悟到过去工作中自己所犯的过失——粗枝大叶与自以为是的作风；使我们领会了这个真理：'实际政策的决定，一定要根据具体情况，坐在房子里面想像的东西，和看到的粗枝大叶的书面报告上写着的东西，决不是具体的情况。倘若根据"想当然"或不合实际的报告来决定政策，那是危险的。'"这个真理，是 1931 年毛泽东撰写的《兴国调查》前言里的一段话。

革命工作永无止境，调查研究未曾停歇。事实上，在李卓然率队深入固临县调研前的第 11 天，即 1941 年 9 月 13 日，毛泽东在对中央妇委和中共中央西北局联合组成的妇女生活调查团作《关于农村调查》的讲话时，再次强调了这个真理，他说："我们是信奉科学的，不相信神学。所以，我们的调查工作要面向下层，而不是幻想。同时，我们又相信事物是运动的，变化着的，进步着的。因此，我们的调查，也是长期的。"

今天，虽然我们能够通过高度发达的信息技术便捷地获取各类信息，但面对处于深刻复杂变化之中的国内外环境，面对层出不穷的新情况、新问题和不断涌现的新做法、新经验，同样需要我们克服粗枝大叶与自以为是的毛病，秉持严谨的态度，客观、细致，坚持眼睛向下，走到一线、深入基层，在全面调查中"解剖麻雀"，更加精准地发现问题、分析问题、解决问题，推动工作不断向前发展。

参考文献

[1] 中共湘乡市委宣传部 . 李卓然纪念文集 [C]. 长沙：湖南人民出版社，2009.

[2] 刘传磊，李小娜 .《固临调查》的内容辨析及其启示 [J]. 传承，2016（6）：35–37.

1943

要发现事物的内部运动规律

——读张闻天的《出发归来记》

刘林翔

1943 年，我在延安读到他的《出发归来记》。这是他深入陕北、晋西北农村扎扎实实地做了一年多调查研究以后写成的。他的那种了解中国农村社会情况的浓厚兴趣，深入实际、联系群众的满腔热情，给我留下了深刻的印象。

——杨尚昆

"这次出发使我深切的感觉到，我知道中国的事情实在太少了。到处看到的东西，在我都是新鲜的、生疏的、不熟悉的。必须经过一番请教之后，我才能认识它们，同它们交起朋友来。"这是80多年前，张闻天在其著作《出发归来记》中的感悟和思考。

1942年初，张闻天率领调查团赴陕北、晋西北农村进行调查。在调查工作结束后，张闻天将自己一年多的调查工作过程中的一些经验教训写成了一份向中央汇报的总结报告，即《出发归来记》。

《出发归来记》以生动丰富、浅显易懂、明白如话、哲理饱满的语言，极其精辟而深刻地阐明了共产党人对待调查研究应当持有的态度和从事调查研究应当采取的方法，是对毛泽东调查研究思想的科学论述和系统发挥。许多精辟论点对于我们今天的调查研究工作仍有重要的指导作用。

为何出发？整风运动是背景

一个中央政治局委员、书记处书记组团下乡，持续调查研究长达一年多时间，这在党的历史上是前所未有的。张闻天为什么出发？这就不得不提当时的历史背景。

1942年2月至1945年4月，为反对主观主义、宗派主义和党八股，发扬马克思主义的作风，中国共产党以延安为中心，在全党范围内开展了整风运动。其中，反对主观主义以整顿学风，是整风运动最主要的任务。毛泽东同志强调"没有调查就没有发言权"，要求广大党员、干部通过调查研究，深入了解中国社会实际，了解中国革命的特点和规律，学会把马克思主义基本原理与中国革命具体实际相结合。

在这一时代背景下，中央机关、各群众团体、中共中央西北局和陕甘宁边区政府，都先后派出调查团、考察团等，深入基层调查研究。在众多的调查中，最著名的、历时最长的且之后常被人提起的，就是张闻天率领的"延安农村调查团"。

当时的张闻天担任中共中央政治局委员、书记处书记的职务。他意识到自己对中国实际情况缺乏深入了解，便积极响应党

张闻天

中央关于大兴调查研究之风的号召，主动要求到农村去"补课"。

经党中央同意，他从中央几个部门抽调 9 名干部，包括自己的夫人刘英，组成了"延安农村调查团"，自己担任团长，到陕北、晋西北农村进行调查，着重调查当地的生产力和生产关系。

陕西米脂县民居

扎实调研，深入实际了解情况

1942年1月26日清晨，张闻天率领"延安农村调查团"从延安杨家岭出发，开始了长达一年多的调研。调查组先后到神府县直属乡贺家川村、晋西北、兴县高家村区、警备区、米脂县、杨家沟村、米脂城内、西川、双湖峪市镇乡和绥德市等地进行调查研究。

在调查过程中，张闻天总是身体力行，十分细致严谨。据随张闻天一起调查的马洪回忆，在一年多的调查中，张闻天基本都是住在农民家里。在直接调查的村庄，他几乎走访了所有农户，每次走访都做记录，每次同调查对象谈话后总要实地察看，将调查材料分析研究汇总之后再与调查对象见面，避免了"夹生饭"。

张闻天强调基层是检查领导工作的一面镜子，必须在实际中、在群众中，审查我们的工作。在兴县时，调查组发现，政府虽然推行了减租减息政策，但是由于当地所依据的1937年规定的标准产量过高，而1938至1941年因战争和灾荒，产量都低于1937年，所以实际减租率明显低于名义减租率，农民所得实惠少。张闻天指出，减租工作中只有减租减息法令，没有执行法令的具体明确的原则指示，缺乏落实的办法。同时，当地干部存在比较严重的领导问题。张闻天随后给毛泽东去信，指出了调查中发现的上述问题，毛泽东回电予以肯定，并说："对我们很有益处，请继续写。"

张闻天还十分注重采用典型调查的方法。在米脂杨家沟村调查时，为了分析解剖这个全国罕见的地主经济集中的村庄，张闻天对最大的一家殷实地主马维新进行了重点调查。马维新时年57岁，他从18岁开始管理家庭经济，是当地地主集团的代表人物，保存了自1845年以来近百年的买地、佃地、收租、放债、雇工、经商和日常生活收支等各种账簿。张闻天知道后，如获至宝，前去商借拿来进行研究。在张闻天的指导和把关下，调查团以这些账簿为主要调查材料，在算账、调查访问和深入研究的基础上，写成了《米脂县杨家沟调查》。因为材料翔实可靠，这篇调查报告成为后来国内外研究中国封建地主经济极为珍贵的历史文献，有"东方《资本论》"之称。

除此之外，调研期间，张闻天和调查组还整理出了《贺家川八个自然村的调查》《碧村调查》《兴县十四个自然村的土地问题研究》和其他一些没有完全整理完毕的调查研究文章。张闻天多次把调研中发现的问题以报告的形式呈报给党中央，毛泽东非常赞赏。

调研归来，写成万字心得

1943年3月，张闻天接到通知，要返回延安，参加中央政治局会议。他和刘英即中断调查，回到延安，其他同志继续调查至4月底。在参加完这次中央政治局会议后，张闻天集中精力总结了一年多来调查研究的体会，写成了《出发归来记》。在这篇文章中，他以亲身体会和感悟，精辟地论述了调查研究的意义、目的和方法，诚恳地叙述了自己思想的转变。毛泽东收到后，一口气读完，评价说写得很好，并批示中央各位同志都要读一读。

《出发归来记》全文共约1.5万字，由"打破教条的囚笼""调查研究是从实际出发的中心一环""调查方法点滴"等10个部分组成。该文通篇贯穿马克思主义立场和原则，并结合具体的革命实践，对马克思主义政党的组织工作、党的群众路线和调查研究在党的各项工作中的重要作用等一系列重大问题做出了系统而精辟的论述。

《出发归来记》集中反映了张闻天的调查研究思想。张闻天认为，在工作中要从实际出发，最基本的环节就是认真扎实地对这个实际开展调查研究。在张闻天看来，领导者和被领导者的工作特点、中国社会的复杂性决定了调查研究工作是"一切工作的基础"。同时，他还指出"调查研究中一个重要的问题，是关于典型的问题"。在张闻天看来，过去很多调查都是走马观花式的，是空洞没有内容的，尽管可以罗列事物的诸多现象，但是并不深入事物的内部。而他所提出的典型的调查研究则"能够发现该事物内部的运动规律"。

在《出发归来记》中，张闻天还全面总结了自己摸索出的调研工作方法。他指出，"调查研究工作的主要方法是分析与综合"，所谓分析，就是"把这个事物分解为各个方面、各个部分"。所调综合，就是把部分"还原到它们原来在整体中的位置"。在调查研究过程中，分析与综合的方法是不能分割的，"它们是对立的，但又是统一的，它们是一个对立的统一"。张闻天特别强调，综合必须建立在分析之上。在《出发归来记》的最后，张闻天还总结出 12 条调查研究的经验，即：

"在开始调查以前，应弄清楚调查的目的。"

"不要把调查的东西从它的具体环境中孤立出来看。"

"诚心诚意抱定当群众小学生的态度。"

"完全独立自主的做工作。"

"可以采取开调查会、个别谈话及实地调查三种，适当的把它们结合起来。"

"尽量搜集书面材料。"

"调查来的材料，应经常加以整理。"

"…………"

这些方法不仅在当时发挥了重要作用，对于我们今天开展调查研究也有一定指导意义。

影响深远，汲取宝贵精神财富

张闻天率领延安农村调查团进行的晋陕调查，是一次大规模农村调查的成功范例，为我们留下了宝贵的精神遗产。《出发归来记》坚持通过调查研究发现真理，实现马克思主义与中国社会主义革命和社会主义建设相结合，它不但是马克思主义的实践精神和科学态度的表现，而且也是我们党长期坚持的群众路线的具体反映。这篇内容丰富的调研成果一经问世，便产生了巨大反响，受到毛泽东等中央领导的高度重视，为党中央正确制定政策发挥了至关重要的作用。

2025 年是《出发归来记》问世的第 82 年。我们今天重新翻阅这本 82 年前的重要文献，就是要汲取蕴含其中的精神力量。学习张闻天的调查研究精神，要从加强党性修养、转变工作作风的高度来认识调查研究，要从改进工作、解决问题的角度认真开展调查研究，也需要通过完善制度、营造氛围来鼓励调查研究。

习近平总书记指出，"正确的决策离不开调查研究，正确的贯彻落实同样也离不开调查研究。"面对新形势新任务，必须做细做实调查研究工作。对此，一方面我们要坚持深入实际，坚持深入人民群众，通过调查研究，更好地锚定方向、把准脉搏、直面问题、促进发展。另一方面，我们要掌握正确的调查研究方法，不断提高履职本领、强化责任担当，不断把中国特色社会主义伟大事业推向前进。

参考文献

[1] 张闻天 . 张闻天选集 [M]. 北京：人民出版社，1985：570-593.

[2] 张闻天 . 老一辈革命家党建论述选编（张闻天卷）[M]. 北京：党建读物出版社，2017.

[3] 程中原 . 张闻天论 [M]. 南京：河海大学出版社，2000：286.

[4] 谈育明 . 理论与实际相结合的光辉典范：读张闻天《出发归来记》[J]. 河海大学学报，2004（02）：7-9.

[5] 严国红 . 共产党人对于调查研究的态度：张闻天论调查研究的基本方法 [N]. 学习时报，2017-05-10（05）.

调查研究是从实际出发的中心一环

要从实际出发，要认识实际，其基本一环，就是对于这个实际的调查研究。没有这一基本工作，一切关于从实际出发、要认识实际一类的话，仍然只是毫无意义的空谈。

调查研究工作，不论对于领导者或被领导者，都是绝对必要的。象前面说过的，一个领导者，如果他对于当前的具体情况没有精密的调查研究，他就无法提出正确的任务。这正像一个军队的指挥官，如果他对于当前的各种情况没有精密的调查研究，他就无法决定作战的命令。这已经是很明白的了。但一个领导者，在正确的提出任务之后，是否可以不再需要调查研究，让事情自己发展下去，所谓自流的发展下去呢？当然是不可以的。然而我们常常在任务提出之后，就以为万事大吉，不再过问，只是到了一定时期之后，才照例召开一个检查会议，或总结会议，照例的检查一下，总结一下工作。但是，正因为我们平时对于运动发展的实际情况缺乏详细的调查研究，所以我们在检查会议、总结会议上，也就提不出新问题，新办法，以推动运动的继续前进。至于在会议前后，给下级以经常的具体帮助者，那就更少看见了。因此，许多工作的检查总结，常常是照例的、形式的、死板的、没有内容的、空谈的，因而也很少结果的。这正好象一个军队的指挥官，只发出了作战的命令，而没有根据于各种变动着的情况来进行不断的作战指挥。这种正确的作战指挥，对于一个战役的胜利，是一个重要的、有时是决定一切的因素。

所以一个领导者，不但在决定任务之前须要做一番精密的调查研究工作，即在正确的任务提出以后，也仍然需要不断的调查研究。一个好的领导者，不但须要对于一件事情有正确的原则的领导，而且还须要作战指挥一样的行动的领导。只有把原则领导与行动领导结合起来，我们才能把这种领导称为具体领导。这种具体领导，不以精密的调查研究工作做基础，是决不可能的。这种作战一样的行动的领导，在我们党内有特别强调的必要！

在被领导者方面，在接受了上级规定的任务之后，在执行任务时，是否可以对于当时当地的情况不进行调查研究呢？当然也是不可以的。因为他不能在接受任务之后盲目乱干一气，而必须考虑一番：如何执行任务，才能不脱离群众，不违反政策。一个被领导者，不但对于上级所给与的任务应有清楚的认识，有完成任务的决心与勇气，而且还须要有不脱离群众、不违反政策的完成任务的具体办法，而这，没有对于当前情况的调查研究，也是不可能的。这正好象一个战斗的部队，在以自我牺牲的精神坚决执行上级命令时，仍须不断侦察战斗情况，以便适时的改变自己的战斗形式与组织形式，以争取胜利一样。

事实证明，一个任务可以用两种不同的相反的方法来完成。一种方法是不问实际情况的，死板的，强迫命令的，脱离群众的，违反政策的。一种方法是根据实际情况的，灵活的，发动群众积极性的，执行政策的。说用前一种方法不能完成任务，是不合实际的。但是只问任务完成与否、不问任务如何完成的观点，是不足为训的。我们要完成任务，但只有拿后一个方法来完成任务，才是我们所拥护、所赞成的。不了解当前情况的人，是不能用这种方法来完成任务的。

所以不论是领导者或被领导者，都必须把调查研究工作作为自己的一切工作的基础。

中国社会的复杂性，其发展的不平衡性，在全世界是少有的。即以陕甘宁边区来说，有警备区与老边区之分，有土地革命地区与非土地革命地区之分，有中心地区与边界地区之分。所以，上级的决定，必须很好的估计到这些不同地区的特点，使决定带有原则性。下级执行上级决定时，必须估计到本地区的特点，使决定带有具体性。只有这样，才能使上级的原则决定，在各种不同的地区内能够具体执行，而使领导者与被领导者能够步调一致，和谐的合拍的前进。这没有双方深入的调查研究工作做基础，是不可能的。

所以，调查研究工作，不是什么一个时期的突击工作，也不是只在工作的某一阶段才需要的工作，也不只是对于某一种人才需要的工作，这是一切工作的基本，是贯穿在全部工作过程中的基本工作，是全部工作中最重要的有机组成部分，是一切工作者都需要做的工作。调查研究工作做的是否充分，是决定一项工作成败的主要关键。一个共产党员只有在实际行动上能够把这个工作当做自己一切工作的基础，他才算是一个真正的唯物论者，他的整顿三风才算有了实际的成效。

——摘自张闻天《出发归来记》

1943

在身入心入中细细体味

——读林伯渠的《农村十日》

张　米

　　一切实际工作者必须向下作调查。对于只懂得
理论不懂得实际情况的人，这种调查工作尤有必要，
否则他们就不能将理论和实际相联系。

——毛泽东

　　"这次农村小住十日，觉得实际的内容太丰富了，需要虚心去学习的地方还多着哩。"

　　这是延安时期，林伯渠在调查报告《农村十日》中的由衷感慨。林伯渠是中国无产阶级革命家和政治家，被尊称为"延安五老"之一。当时的林伯渠担任陕甘宁边区政府主席。1943 年 4 月25 日至 5 月 6 日，他分别奔赴安塞、志丹两县农村进行调查研究。

　　在山沟里、田埂上、农舍中，他与农民促膝谈心，广泛倾听群众的意见，了解农民的生活、愿望和要求，并根据掌握的材料和了解的情况，写下了《农村十日》一文，号召边区军民向好的劳动者看齐，争当生产斗争中的英雄。

同吃同住同商量的"沉浸式"调查

　　1941 年是陕甘宁边区经济最困难的一年，毛泽东同志曾就此回忆说："我们曾经弄到几乎没有衣穿，没有油吃，没有纸，没有菜，战士没有鞋袜，工作人员在冬天没有被盖。国民党用停发经费和经济封锁来对待我们，企图把我们困死，我们的困难真是大极了。"

如何克服困难呢？除了精兵简政（减少脱产人员数量）和减轻农民负担之外，更重要的措施就是做加法，开展以农业为中心的大生产运动，增加农业产出。由此，轰轰烈烈的大生产运动在陕甘宁边区开展起来。经过两年左右的艰苦奋斗，陕甘宁边区基本实现了自力更生、丰衣足食，边区民众的生活水平显著提高。《农村十日》就是林伯渠在大生产运动取得一定成效后的巩固阶段进行调查研究后所写的调查报告。

担任陕甘宁边区政府主席的林伯渠，十分注意陕甘宁边区的

1939 年，中共中央在延安发起了大生产运动。一群冀中妇女正在缝制军衣，提供给前线将士

经济建设，用了极大的精力去抓生产。同时，他也十分注重调查研究，他对边区政府和工作人员提出的第一个要求就是"认真学习和实行调查研究"。他说："要贯彻政策之执行，就必须善于指导干部检查执行程度，因之也就需要对于干部及其执行程度有调查研究。"他每到一地，就走家串户，了解人民疾苦，宣传党的政策，教育机关干部、工作人员要与人民群众打成一片，并经常带头深入工、农、商、学、兵中，把调查研究作为联系群众的重要桥梁。

1941 年是边区征缴公粮最重的一年，这年冬季边区参议会一结束，年近花甲的林伯渠，就冒着风雪严寒，率领一支 20 多人的调查队到陕北甘泉、富县进行了两个多月的调查研究。他运用"解剖麻雀"的办法，以甘泉三区两乡为对象，把 20 多人分成多个小组，分头到各村开展调查研究，全面了解农村各方面的情况，对边区政府的政策制定与执行起到了很好的作用。

1943 年上半年，为了贯彻西北局高干会制定的发展生产是边区政府"一切工作的中心之中心"的方针，林伯渠又到安塞、志丹两县农村进行调查研究，了解农民的生产和生活状况，听取他们对政府的意见和要求，并同他们讨论开荒、种植、运输、制订家庭生产计划等问题，对群众的鼓舞很大。在这次调查中，林伯渠深入农村十天十夜，与群众同吃同住同商量，积极动员军民投身大生产，鼓励大家不断总结经验，创造更大的成绩，并且强调领导干部要向群众学习，向劳动者学习，向英雄学习。

"小住十日"发现了什么?

在调查研究中,林伯渠十分注重发现问题、解决问题。如此前1941年底至1942年初,林伯渠率队在甘泉、富县进行调查时,他带领考察团走家串户,亲自调查了解情况,指出了这两个县存在的许多亟待解决的问题,"如'三三制'实行得比较差、县参议会没有开展经常工作;租佃关系未能适当解决;对人权保障不够;行政机构尚不健全;干部文化水平低等"。针对这些问题,他提出了改进政府工作的若干意见。

几年来,林伯渠对农村农民的生产生活中出现的问题持续关注,力求解决之法、应对之策。《农村十日》一文中,林伯渠就重点对农户计划、开荒、变工等生产工作中出现的几类问题进行了详细的调查研究和原因剖析。

比如,工作方法问题。"要把全乡农户计划做好,就得花上一个多月的时间。但也并不是各地都普遍地做了农户计划,如志丹一区只选择了示范村来做计划。"《农村十日》中记述了类似这种方式方法效率低下,计划没有全面覆盖、综合兼顾的情况。

再比如,工作态度问题。"有些农户计划写得很简单,从那里看不出过去的经济状况,今年多种多少地,要发展成什么样子,有些计划甚至只是把去年的照抄一遍。"《农村十日》中记述了这类态度敷衍、脱离实际等情况。

还有,工作作风问题。"区乡干部去和他们做计划时,只把数目记下来，没有和他们商量研究是否可以想法子多打些粮食，或是给他们解决生产中一些问题。因此有些老百姓看到计划表时，一想就想到公家又要调查统计什么了，很少觉得它对他们有什么实际帮助。"《农村十日》中记述了这类干部工作流于形式、散漫失责，以及宣传不到位导致群众观念还未转变的情况。

在实际生产工作中，农户计划是"总体规划"中必不可少的"第一步"。计划做得好不好，直接影响整体生产工作的效率和成绩。在林伯渠看来，区乡推动生产的干部不应满足于数字上的概念，而要深入去发现许多生动的事实，具体去研究问题、解决问题，做好整体工作的"关键第一步"。

《农村十日》还记述了农业生产中的几个关键点，主要集中在开荒、变工等环节。"在缺牛或牛乏的情况下，也很少有人拿起镢头去掏地。""许多地方还未把变工搞起来，老百姓说他们没有这个习惯。""农民本来是稀稀拉拉的，公家说你们看看，愿组织的自动组织，那谁也懒得搞。"当时农村的开荒、变工、作风转变等问题是大生产运动推进中面对的重点问题，也是农业生产运动的重要组成部分。林伯渠通过调查，纾难解困，推动了开荒、变工的有效执行。

除此之外，林伯渠还在《农村十日》中提出了农贷、表彰奖励、清理"二流子"等一系列行之有效的措施，以应对资金短缺及农民观念未转变、积极性不高、不团结的难题。

"人人争识林老头"的作风形象

"人人争识林老头，亲切有如家人父。灯前细谈几件事，米面油盐棉花布。"这是著名爱国将领续范亭赞誉林伯渠的一首诗，在诗中他对林伯渠深入农村实际调查研究、与人民打成一片的作风形象做了生动的刻画。

早在1941年12月20日，当林伯渠带着调查团一行出现在甘泉县城时，有认识他的人马上就将这个消息传开了，老乡们纷纷赶来，他们看到的是一位手牵马缰、风尘仆仆的布衣老者。在整个调研期间，林伯渠手拄拐杖，走家串户，他每到一个地方，群众就会络绎不绝地去看望他，向他诉说衷肠。他们诉说对政府工作的意见和建议，甚至于邻里间的纠纷都告诉他。凡和他谈过话的老乡，都异口同声地说："这才是我们的主席呀！没有一点官架子，奇怪的是，我们的一切他都知道哩！"通过深入农村进行调查研究，林伯渠了解到很多真实情况，对政府政策的制定和完善起到了极大作用。

在此次调查中，林伯渠更是把亲民、务实的作风发挥得淋漓尽致。《农村十日》记述了林伯渠与农民亲切交谈、了解农民生产生活状况的种种细节。"政府奖励劳动英雄的消息到处宣传，没有受奖的也愿较个高下。我在志丹米家砭就遇到一个叫尚经宽的农民，他把自己的生产情形告诉我后，反过来问我：主席，你看我够得上够不上一个劳动英雄？""老汉曹永胜一面称道自己种庄稼的本领，一面又用探询的眼光瞅着我，好像说种地是老百姓的事，你问它干啥呀！"通过广泛深入的调查研究，林伯渠感慨地说："为什么我们不应向你们学习呢，你们是大地的儿子。人类的智慧、血汗，不都是埋藏在劳动中吗？我们政府号召生产，要大家丰衣足食，就必须每个人向好的劳动者看齐，成为新的英雄啊。这次农村小住十日，觉得实际的内容太丰富了，需要虚心去学习的地方还多着哩。"

从中可以看出，林伯渠与农民之间的深厚感情，正是通过一次又一次深入群众的"沉浸式"调研培养出来的。林伯渠对农民在生产生活中遇到的具体问题，有了基本的了解，也对政府工作中存在的问题，有了清晰的认识。

今天，我们重温林伯渠同志的《农村十日》，就要学习他这种身体力行、深入实际、求真务实的调研作风。尽可能地多到基层、多到乡村一线去，多与基层群众交朋友，发现问题、解决问题，更好地为群众提供精准有效的服务。

翻开《农村十日》，还值得称道的是其细腻生动的文风。文章开篇写道：

"沿着延安到志丹的大道上，春雨润泽了肥沃的田野，路旁熟地大部已翻过下种，苗壮的麦苗向阳挺立着。显露在农民脸上的，是喜悦的颜色，他们一个个都赶牛到地里去了，家里只留下婆姨小娃。一路上运盐牲口络绎于途，南区合作社运盐队的小旗时常招展在人们的眼前，木板成了北上牲口主要驮运的货物。羊羔早下来了，随着大的羊群踯躅在青草葱茂的山坡上。"

　　林伯渠以富有文学色彩，极具画面感的语言，速写了当时的环境、情景，将人一下带入当时的情境中。文风代表作风，因他调查时身体力行，观察时细致入微，学习时虚心深入，干活时大汗淋漓，所以写作时才生动鲜活，冒着腾腾热气，《农村十日》才写得如此生动好读。

参考文献

　　[1] 林伯渠. 林伯渠文集 [M]. 北京：华艺出版社，1996.

　　[2] 王今诚. 大生产运动与陕甘宁边区乡村建设 [N]. 团结报，2022-7-28.

原文摘录

　　关于农村的具体情况，在工作转变的地方，干部是能够了解与掌握情况的。可是还有一些区乡干部满足于数目字上的概念，没有深入去发现许多生动的事实，具体去研究问题，解决问题。一个区长能够说出他那个区里有 18 个二流子，但要他把一个二流子的具体情况、生产计划和转变过程详细讲讲，就把他难住了。乡上派了人到一个示范村去检查开荒情形，任务还没完成一半，那个干部不去问为什么没有完成，有什么困难，需要什么帮助，而只是命令老百姓：不敢不开完，这是你们自己承认下来的。对上面的指示，有些干部还不大了解，一个区长就公开说他对变工没信心，他的好牛不愿变出去，又有一个区委书记连春耕指示都没有去研究。

　　在逐渐的进步中，我们已看到下面的工作作风开始转变过来了，农村的面貌也一天一天在改变着。在目前农忙的日子里，农村里找不到一个闲人，干部也都下乡了，活动在田陇间、山沟里。过去只忙于动员工作，平时无事的现象已经消灭，现在乡村工作是忙个不停，天天有新的内容，经常要去了解检查。正如一个乡村干部所说的，现在问题是具体的，老百姓和你讨论农贷、牛瘟、制纺车，合股买牲口，以及其他日常生活中的事情，上级也不是用过去的作风应付得了的，不能不切切实实做去，因为只有这样，才能拿出具体的事实来。干部也乐于搞生产工作，他们是农民出身，有实际经验，领导生产就是搞的他们朝闻夕见的事情，使得他们更能与群众结合。西河口的群众，就把过去的三个行政村代表主任选为新成立的民办社主任、运输队长和采买，这些人都很高兴，表示他们过去就是为老百姓做事，现在呢，是更具体地替老百姓谋利益。

在芦草沟陇东马专员的家里住了一夜，他的儿子马福泰在家种庄稼，并担任自卫军连长。去冬马专员回任路过时，曾召开了家庭会议，给每人分配了任务，通过了生产计划，并声明年底回家时要检查工作。这事在乡里传开了，大家都说家事和公事都得认真办，人家是好模范，咱也要看个样子。

当我向一个老农请教他的农事经验时，他首先告诉我一句农民中流行的土话："庄稼农不用问，一家做甚都做甚。"于是他说到老百姓开荒要看天时，如果秋雨好，秋开荒要比春开荒好些。这里只种冬麦，要种在山上，伏里就翻地，最好能翻三次；旧历6月收麦时翻一次，7月搨一次捎带上粪，8月揭一次跟着下种。春麦收成没把握，种上后在四五月时不旱才能吃上，但要在清明前下种。川地上的庄稼最好在秋收后揭一次，叫做叉子地，这样可以使草根变成肥料埋在地里。按今年天气，4月还可以种1个月的糜子。庄稼中麦子荞麦费工，苞谷、麻子、杂田地要多上肥，地种上后要磨，只有荞麦可以不磨。荞麦不种在川地上，因怕打了霜结不上，玉米种在山上不大好，磁地也不长苜蓿。从清明起庄稼汉就要在晌午睡一会，到旧历7月才停止。札工多从收麦时开始，普通一天收，一天背，两天把麦子收完。老百姓的习惯，锄草札工，秋收不兴札工。妇女呢，工作是抓粪、种瓜、收豆角、晒葫芦丝、锄第二铲的草，到收割时全家都参加。这样拉家常似的，把自己一点一滴的经验托出来以后，老汉曹永胜一面称道自己种庄稼的本领，一面又用探询的眼光瞅着我，好像说种地是老百姓的事，你问它干啥呀！

为什么我们不应向你们学习呢，你们是大地的儿子。人类的智慧、血汗，不都是埋藏在劳动中吗？我们政府号召生产，要大家丰衣足食，就必须每个人向好的劳动者看齐，成为新的英雄啊。这次农村小住十日，觉得实际的内容太丰富了，需要虚心去学习的地方还多着哩。

——摘自林伯渠《农村十日》

1943

用好蹲点调研这个重要一招

——重温习仲勋的"郝家桥调查"

陈家琦

我们的口号是：一，不做调查没有发言权。二，不做正确的调查同样没有发言权。

——毛泽东

1943 年 4 月，依然春寒料峭的陕北高原上出现了风尘仆仆的一行 8 人，他们带着两匹大骡子，驮着粮食、被褥等，沿着崎岖的土路来到了郝家桥。他们就是习仲勋带领的绥德地委干部和几位记者。

为了响应党中央提出的"发展经济，保障供给"的方针，为当地开展大生产运动做准备，不满 30 岁的习仲勋率队在绥德县沙滩坪区郝家桥村开启了为期 44 天的蹲点调查。

习仲勋领导的这次深入调研，产生了 6 篇调查报告，发掘了后来大力推广的"郝家桥经验"。此次调研活动的开展，不仅推出了各种各样的典型模范，更让郝家桥村成为闻名遐迩的模范村。

谈收夏、谈锄草，谈的都是农民日常

1943 年，习仲勋调任中共绥德地委书记兼绥德警备司令部政治委员。绥德分区由绥德县、米脂县、佳县、吴堡县、清涧县、子洲县六个县组成，是抗战时期陕甘宁边区的"北大门"，也是陕北著名的"旱码头"。全区 52 万人口，占陕甘宁边区总人口的三分之一。抗战进入相持阶段后，陕甘宁边区的经济形势急转直下，从 1940 年下半年开始出现严重的经济困难。刚刚到任的习仲勋面临着来自军事、政治、经济各个方面的压力，工作千头万绪。他认为，与其听取汇报即刻开展部署，不如深入农户细致了解民情。

郝家桥，位于绥德县城西 10 千米外，村前有一座碎石桥，村里又多为郝姓人家，故称郝家桥，该村由郝家桥、侯家坪、刘家渠、庙沟 4 个自然村组成。郝家桥是边区较早建立党组织的村，当时村里已有二十几名党员。在调研开启之时，习仲勋就考虑到绥德分区有众多县乡，且村与村之间情况各异，经过一番了解之后，他决定选择普适性较强的郝家桥村作为调研典型，通过试点"解剖麻雀"，发现并解决问题，总结提炼成功经验。于是，他将调查组同志按照郝家桥、侯家坪、刘家渠、庙沟 4 个自然村进行分工包村，确定调查内容和调查重点。调查组在不扰乱群众正常生活和生产秩序的前提下，通过和村民谈心、和村干部座谈、同农民同劳动、同住的方式了解情况。

在习仲勋的亲自指导下，经过扎实的调研，由时任绥德地委宣传部副部长邹文宣和《解放日报》驻绥德记者田方执笔，先后写下了《谈收夏》《记两个变工队》《谈锄草》《移民问题》4 篇调查报告，并发表在《解放日报》上。

"收夏不像收秋，秋庄稼因为晒了一整个夏季，成熟期相差不远，夏庄稼成熟期极其不一致。"《谈收夏》中开篇就点出村里秋庄稼种得多，夏庄稼种得少的原因。"在同样一块土地上，最高可达到八九斗一石，夏庄稼收成最高记录没有突破过六斗，因为收获量的少，因此夏庄稼老百姓就不愿多种。"根据当地无荒地可开的实际情况和粮食耕种的收成特点，报告提出了保持夏粮的解决办法——改良农作物，顾及锄草。计划细致到种什么作物、几月种几月收，甚至到翻几次土。这些通俗易懂、贴近农民日常的内容，让文化程度不高的村民很容易理解和接受。

随即，习仲勋在郝家桥村组织召开了夏耕夏收动员大会，在会上订立了农户当年锄草计划。"一、谷子地一律锄草5次，别的庄稼一律锄草4次。二、棉田不带打卡一律锄草7次以上。三、云瓜锄草10次。"计划内容收录在调查报告《谈锄草》中。调查报告里有大量详细的数据，体现出调查组贴近群众、掌握实情，让存在的问题一目了然。

"我们到郝家桥之后，发现这样

《谈收夏》

一个问题，即锄草中
的变工比春耕时的变
工效率更高。"变工
是指农村旧有的一种
劳动互助形式，一般
是由两户或两户以上
的农民进行换工互助，
调剂劳力或畜力。在
《记两个变工队》中，
调查组以刘玉厚为例，
发现他一人一天锄草
一垧地，而在5人的
变工小组里，每人每
天能锄一垧半。这样
通过数据的罗列、因
果逻辑的推敲，融汇

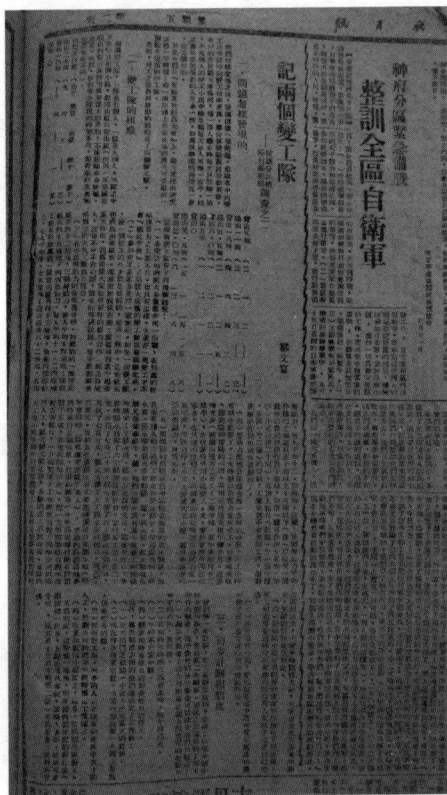

《记两个变工队》

了实地观察、统计调
查的研究，对解决眼前的问题起到了"直击要害"的作用。

　　《移民问题》则以刘家渠自然村6户贫农为研究对象，详细
分析了他们的生活收支状况，并对移民的时间节点等细节问题进
行了认真探讨，为绥德分区制定移民政策、开展移民运动提供了
重要决策参考。

找准典型、以点带面，80多年前的"IP打造"

一切为了群众，一切依靠群众。习仲勋在蹲点调研过程中，愈发感受到郝家桥在改革农业生产措施、理顺土地租佃关系、组织群众移民南下、精耕细作等方面的经验智慧非常具有代表性，值得在整个陕甘宁边区宣传推广。

调查组在收集了村民王德祥的务农心得后，由地委秘书刘稚农撰写了《王德祥谈务庄稼》，整理了王德祥从事农业生产近40年的心得和经验，通俗易懂的文字和接地气的解读，让这篇调查报告很受群众欢迎。

郝家桥妇女纺线和织布劳作中的"变工"经验，也被收录在《绥德妇女纺织中的变工——从模范村郝家桥纺织小组谈起》中。该报告由专区妇联干部张力主笔，对绥德乡村纺织业起到了重要的指导作用。

没有实际经验的空谈和开会，宣传力度再大也不过是"喊口号"，而有实践基础的理论宣传才会取信于民、深孚众望。在习仲勋的指导下，调查报告大量吸纳好的群众实际经验，以客观的态度进行分析研究，并发表在报纸上对其予以宣传推介，发掘形成了著名的"郝家桥经验"，进一步促进了大生产运动在边区的发展。

为了鼓舞群众的劳动热情，掀起生产热潮，习仲勋率调查组在村里组织开展"好劳动人"评选活动，选出村级"好劳动人"。

再通过群众投票，在"好劳动人"中评选出"劳动英雄"。劳动竞赛热火朝天，评选活动如火如荼。村民们一致认为：唯有刘玉厚才够得上"劳动英雄"的资格。刘玉厚是群众选出来的村主任，因其工作积极、公平正义备受老百姓的拥护。

"好！好党员，好同志，现在就需要像你这样的党员，咱的党就更有办法！"习仲勋在见到劳动英雄刘玉厚时，曾这样称赞。

随后，由习仲勋提议，经地委研究决定，授予刘玉厚"模范党员""劳动英雄"称号。刘玉厚的先进事迹受到广泛关注，《解放日报》随后陆续刊载了《模范党员劳动英雄绥德刘玉厚受奖，郝家桥被誉为模范村》《劳动人民的旗帜》《刘玉厚等座谈农作经验》《刘玉厚的光辉》等大篇幅报道，使原本平平常常的农作习惯变成大力宣传的好经验，原本普普通通的农民成为令人钦佩的英雄。

经过对先进经验的宣传和推广，到1943年底，基本解决了全区52万人口的吃饭问题。同时，全区各地涌现出许多典型区、乡、村和模范先进人物，绥德地区的70余名代表参加了在延安召开的陕甘宁边区劳模代表大会，受到毛泽东及其他中央领导的接见。1944年7月，习仲勋和专员袁任远等领导共同署名，将刻有"农村楷模"的牌匾奖给郝家桥村，在群众中形成了"劳动光荣，受人尊敬"的观念，在全区掀起了"村村学习郝家桥，人人学习刘玉厚"的高潮。

发现和培养各行各业的"英雄""楷模"的典型就好像是打

造生产劳动的"IP"，向群众持续输出着自力更生、精耕细作、劳动光荣的价值观，赢得群众的认同，获得群众的喜爱。这种做法，让"IP"自身丰富的宝贵经验得以被更多的人学习借鉴，以典型突破，不仅使村民的劳动热情不断高涨、粮食产量翻了倍，还使得大家的生活水平得到大幅度的提升。

分成小组去蹲点，有的放矢解难题

习仲勋很早就参加了革命，21岁即当选陕甘边区苏维埃主席，被人民群众亲切地称为"娃娃主席"，毛泽东称赞他是"从群众中走出来的群众领袖"。

早年参加革命的他从青少年时期就非常善于做群众工作。

习仲勋曾说："把屁股端端地坐在老百姓这一面。"这是他调查研究的根本立场。要做好调查研究就必须走向基层，深入群众，深入实际，通过人民群众找到最恰当、最真实、最正确的办法。

在郝家桥村的这趟调研工作，习仲勋全程吃住都在一线，他亲身体验、亲自实践，身体力行地参与到群众生活中。习仲勋带着问题、带着感情沉下去，以"刨根问底"的态度掌握第一手鲜活材料。这种"一竿子插到底"的实地蹲点调研形式为我们现在的调查研究工作树立了一面旗帜。

同时，习仲勋创新地将调研人员进行分组分工包村，各调查组有不同的工作内容和重点。而每个组选派哪些人也是经过习仲勋慎重考量的，组员必须对当地的具体情况十分熟悉，或在某个领域有专长，因而每个调查组的人员配比合理恰当，能使调研工作既有头绪，又能迅速展开。从此以后，这种组织调查工作小组下农村调研的形式，成为绥德地委的一项工作制度保持下来。

两脚不沾泥，怎能接地气？用脚步丈量的调查研究才更真更实。为期44天的蹲点就是习仲勋与调查组获得成效的根本所在。在各种调查研究方式中，蹲点调查可谓最深入最专注的一种。唯有扑下身子深入进去，通过抽丝剥茧、去伪存真、有的放矢、精准施策，才能有效地解决群众的具体问题。

习仲勋带着问题去调研，深入基层想办法，汇聚民智找答案。他领导的郝家桥调研经历了由实践到认识，再由认识到实践的多次反复以后，因地制宜地提出了有绥德特色的大生产建设方案，有力地推动了大生产运动的贯彻落实，让郝家桥村声名鹊起，"郝家桥经验"至今依然影响巨大。

习近平总书记指出，调研是"一项讲求方法的艺术"。调查研究不仅是"一支笔"的事，老一辈革命家事必躬亲的调研作风值得我们铭记，老一辈革命家调查研究的工作方法也值得我们好好学习传承。新形势下，发扬好调查研究的优良传统，真正把调查研究这一门致力于求真的学问用活用好，一定能够找出接地气的问题与对策，为实际工作提供有益的参考。习仲勋求真务实、深入调研的精神值得我们永远学习。

参考文献

[1] 邹文宣.谈锄草 [N].解放日报，1943-08-12（4）.

[2] 邹文宣.记两个变工队 [N].解放日报，1943-07-23（1）.

[3] 邹文宣.谈收夏 [N].解放日报，1943-07-22（2）.

[4] 田方.移民问题 [N].解放日报，1943-11-15（4）.

[5] 李飒飒.习仲勋郝家桥调查之研究 [J].文存阅刊，2018（16）：197-198.

[6] 任楚.习仲勋手把手教我搞调研[J].百年潮，2013（6）：7-9.

四、秋后移民需要解决的问题和工作方式方法

和春季移民一样，帮助移民具体解决问题，灵活应用各种方式方法，是发动移民的有力保证。下面所讲的，除第一项是秋后所产生的问题外，其余各项大都是根据春季移民工作经验，和此次在郝家桥组织秋季移民中所提出和解决的问题。

（一）组织帮助移民秋收变工——为了使移民争取时间早下南路开垦秋荒起见，就必须发动群众帮助移民，在秋收时组织劳动互助。这里一般秋庄稼如：谷子、糜子、高粱、洋芋、南瓜等的收割时期，均在九月中旬到十月中旬之间（阳历），其中收割较晚的是谷子（在十月上旬），而黑豆收割时期最晚，要到十月下旬，如果要待全部庄稼收完后动身南下，那末接着就是十一月上旬的结冻时期，移民下去后就来不及开秋荒。因此必须抓紧时间，主要作物发动变工队帮助收完后，黑豆即可留下，让变工队代割，移民即可携带粮食南下（可在绥德出卖后到南路再买粮吃），如有黑豆等晚收作物，收割后可交其家属，或将黑豆换成钱以后捎寄移民亦

可。但一般庄稼的秋收期，则尽可能使之提早完成，而移民即可于十月中旬动身南下，能于结冻期前争取十天到半月的开秋荒时期。好在一般移民在家耕地不多，又因秋庄稼成熟时期一致，收割容易，只要发动群众变工帮助，问题是不难解决的。

（二）组织移民两次变工——一般贫农以上的移民，大多在家稍有几垧自地或租黔地，因此可发动他的亲友和他变工。如郝家桥刘家渠有侯姓五弟兄，就是组织了这样的移民变工，今举述如下：

侯树康：家有一妻一儿，自地一垧，黔地五垧，可全家移民。

侯之俊：妻儿各一，自地一垧，死租地二垧，黔地九垧，全家移民。

侯定康：家有五十多岁的老父母，还都能劳动，父耕母织，可各抵半个劳动力；有一妻、二女、一儿，黔种地卅垧，妻及长女（十三岁）均能纺特等线。家属留在家中，本人南下。

侯世康、侯应康：亲弟兄尚未分家。世康有妻儿各一，应康十六岁未婚，全家四人，弟兄二人均为全劳动力，有自地六垧，夥种地十五垧，因耕地不多，故单由世康一人耕种，应康给人家拦羊，全家不移。

这四家五弟兄，都是近伯叔兄弟，住在一起，组织移民变工的办法是：树康、之俊的自地租夥地，都让给世康弟兄耕种；定康的卅垧夥地除留下部份让其父耕种，以外就与原□□夥或转移他人，其家属亦托世康弟兄照顾。到每年收获季节后，移民三弟兄和世康弟兄均各按成分配（以土地及劳动力多少来计算）。同时，在移民三弟兄下南路后，也组织了变工，下去后，三人一起开秋荒，树康、之俊的妻子在家轮流做饭送饭，秋荒开完以后，三人一起另找短工，所得的工钱共同使用。明年开春解冻后，三人就一起动手春耕和开荒，并准备向政府合借耕牛贷款购牛一头，共同使唤。像这样的两头变工，一方面可照顾了老家的祖产——房屋、土地和家属；同时使世康弟兄获得多量耕地，而移民三弟兄更可以在南路迅速发展。经过这次在郝家桥帮助他们组织以后，他们都感到很满意，甚至连各家的妇女，也很高兴，愿意同下南路，认为今天的政府是真正为人民谋算的。

（三）照顾家属和帮助路费——如前所述（过去的移民情形项内），侯裕康的妻子和路费问题，我们帮助他解决以后，他就毫无顾虑的走向南路去了。所以除组织移民变工由移民自己解决问题外，如有的移民家属无人担水砍柴，就需要村中群众来帮助解决，这工作最好由村主任来负责发动群众和移属变工（如男劳动力和移属纺织针线工相互变工），或和优抗工作配合进行，发扬乡亲□的互爱精神，反正移属在一二年后，移民在南路奠定了基础，就可回家把家属接到南路，那时，回家的移民对帮助他家属的乡亲，一定是非常感激的。

————摘自孙晓忠、高明《延安乡村建设资料1》

1947

敌人的失败教训也值得研究

——读《蒋军七十四师的调查研究》

刘林翔

这一调查研究下发部队后，发动全野战军研究七十四师，洞悉敌军的长处与短处，改进我军的战术技术。这对后来的作战胜利产生了良好的影响。

——钟期光

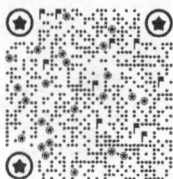

毛泽东同志曾说："我是靠总结经验吃饭的。以前我们人民解放军打仗，在每个战役后，总来一次总结经验，发扬优点，克服缺点，然后轻装上阵，乘胜前进，从胜利走向胜利，终于建立了中华人民共和国。"善于从战争中学习和总结，是我们党我们军队克敌制胜的成功经验。其中，善于向对手学习也是我们党和我们的军队由小变大、由弱变强的重要原因之一。

1947 年，我军在孟良崮战役中战胜了国民党王牌部队七十四师。战后，华东野战军司令员兼政委陈毅等领导，指示华野政治部联络部抽调 20 多名得力干部，向被俘的整编第七十四师军官调查该师的历史沿革、组织编制、官兵的成分和素质、部队训练、新兵补充、参谋、补给和卫生业务、参加过的历次重大战役经过及检讨、惯用战法、该师在战略战术上对解放军的研究和对策、政治工作等方面的情况，形成了《蒋军七十四师的调查研究》。这篇调查研究报告深刻地剖析了七十四师失败的原因，对我军提高战略战术，取得人民解放战争的最终胜利起到了重要作用。

一场具有重大转折意义的战役

提及《蒋军七十四师的调查研究》，就不得不提这篇调查研究报告的背景——孟良崮战役。

孟良崮战役是解放战争时期华东野战军在沂蒙山区孟良崮地区进行的一次大规模山地运动歼灭战，此役一举歼灭国民党军精锐王牌整编第七十四师，同时重创多路援军，全歼 3.2 万余人，粉碎了国民党对山东解放区的重点进攻，扭转了华东战局。

在孟良崮战役中，整编第七十四师被歼灭，沉重地打击了国民党的嚣张气焰，鼓舞了人民解放军的士气，使我军由弱转强，使全国的军事、政治形势发生了重大变化，是解放战争由战略防御转为战略进攻的重要转折点，为刘邓大军挺进中原奠定了基础。一名被俘的七十四师营长说："七十四师被歼灭了，以后就没有任何（国民党）部队能抵抗解放军了。"

1947 年孟良崮战役中的国民党俘虏合影

一封特殊的电报

1947年5月16日，激战了三天的孟良崮渐渐安静下来，国民党军整编第七十四师被华东野战军全歼，此役共俘虏敌军19676人。按照以往的惯例，俘虏愿意留下的留下，不愿意留下的领路费回家，但七十四师的俘虏却是例外。

此时，前线指战员收到了华野指挥部的一封特殊电报，电报上说道："七十四师的俘虏一个都不许放走！"这封电报很快在华野前线官兵中传开了，很多指战员都十分费解。此时，被俘的七十四师官兵的心里也犯起了嘀咕："会不会是解放军攻打孟良崮伤亡太大，要杀我们泄愤？"

人民解放军军纪严明，从未有杀害和虐待俘虏的行为。之所以下这道命令，是因为陈毅想从被俘的官兵口中了解七十四师战败的原因，一方面学习敌人的长处，达到知己知彼、以战教战的目的，为我军后续作战提供经验借鉴；另一方面是让各级部队据此对俘虏们进行管理、教育。为此，陈毅指示华野政治部联络部对七十四师被俘官兵进行调查研究，并为调研稿题词："实行以战教战，打一仗进一步，总结战斗经验，提高军事学习。"华野政治部立即组织人员与俘虏谈话，并对俘虏进行甄别和调研。调研历时3个星期，编成的调研稿达10万余字，即《蒋军七十四师的调查研究》。

在这本调研报告的前言部分，华野政治部联络部部长吴宪详细地说明了编写这个调研报告的原因和意义："蒋军'五大主力'之一、'精锐'之'精锐'，并被蒋介石选为'建军模范'的整编七十四师，在反共反人民的乱命驱使下被我军干脆歼灭了。由于该师建军历史较久，以及美国亲加训练，所以不论在军事技术上、管理教育上、组织编制上、供给卫生上……都有比较完整的一套，足以作为蒋军主力部队的典型供我研究。在'以战教战''取人之长，

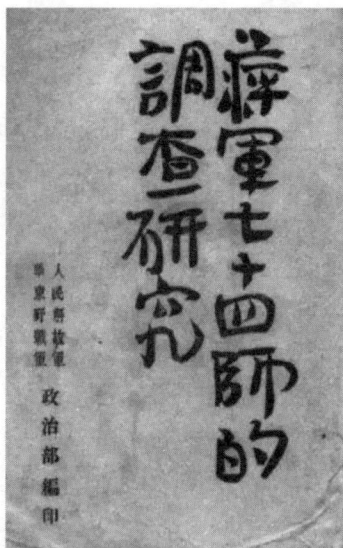

《蒋军七十四师的调查研究》，主持整个调研工作的华东野战军政治部副主任钟期光为调研稿题写了书名

补己之短'的原则下，发起全军研究七十四师，对今后我军战术改进与对蒋军研究，将有所帮助……"

一次极具特色的调查研究

"七十四师原本是有战斗力的，在抗战中的表现很好，可最终仍然逃不脱被歼灭的命运，各位应深入研究其中的深层原因。"陈毅在和华野政治部联络部负责调查研究的干部座谈时，要求深刻剖析七十四师战败的原因，为我军的作战提供经验借鉴。

《蒋军七十四师的调查研究》从战争性质、人心向背、军民关系、战术运用等多个方面系统地分析和总结了七十四师战败的原因。这份调查研究报告由"历史沿革和组织编制""抗战时期和内战时期的不同对比""欺骗宣传""严密控制"等多个篇目组成，全面系统地介绍了七十四师的人员、武器、战略战术、失败原因等情况。此外，该调查研究报告最大的特色，就是有着大量七十四师官兵的自述。这些叙述语言生动鲜活，文中提及的数据真实可信，对于还原真实的战争场景有着极其重要的价值和意义。

　　南京当局"军事连连失败，或者要恼羞成怒，一直打下去，但是目前中国的潮流，学生、工人反战，兵心厌战，政府应该回过头来从事政治解决才是"。在七十四师五十八旅上校运输团长黄政看来，国民党和七十四师失败的主要原因是以蒋介石为代表的南京当局违背历史发展潮流，失去了民心。

　　对于一场战争而言，民心向背十分重要，军心士气也有着举足轻重的作用。一七三团准尉副排长李汉田说："士兵作战时的士气，完全靠后面主官督战，谁后退就打死谁。可是，刚被抓壮丁补充来的新兵，又不知道为什么要打仗，在枪林弹雨中怎会不怕呢？后退固然不敢，就只得伏在地上不动，还击当然更谈不上了。"从他的叙述中不难看出，七十四师的官兵以这样的士气和战斗力来对阵英勇的解放军，就是不被消灭在孟良崮，也会被消灭在其他地区。

　　"下面的意见，国防部是很难采纳的。"少将参谋长魏振钺的看法是七十四师官兵的普遍看法。他们认为，孟良崮战役的失败罪责不在师长张灵甫，而在国防部。"陈诚的作战计划太主观，纯属纸上谈兵，把我们都害了。"

五十一旅少将旅长陈传钧则跳出军事斗争策略来总结这场战役："我在此可以透露一个消息，即去年南京举行会议时，将领们认为军事不能解决问题，但是这个意见就没有人敢在蒋面前去说，你推我，我推他，结果无一人敢说而作罢。"从他的叙述中，不难看出在蒋介石统治的军队中，毫无民主可言。正是由于蒋军内部根本就没有集体决策一说，又碰上张灵甫的骄横跋扈，七十四师的覆灭只是时间问题。

而大家最关心的问题——七十四师为何敢于深入我军腹地，这份调查报告也给出了答案。七十四师的军官们对这一问题都发表了看法，他们基本上都认为，问题出在情报上。根据获得的情报，他们判断解放军主力不在该地，又因为左右两面都有友军做依托，依据山地挺进不算冒险。退一步说，即便有危险也可以突围，因为周边都是友军，随时可以接应。不过，让他们没想到的是，一方面蒋军被解放军重重包围，退路被切断，一方面由于国民党军队内部派系林立，友邻部队增援不力，导致失败。

一份宝贵的精神财富

《蒋军七十四师的调查研究》对我军总结战争经验，提升军事斗争能力有着极大的促进作用。该调查研究报告一经问世，便得到党中央的高度重视。毛泽东批示："歼灭整编七十四师，付出代价较多，但意义极大。"朱德对该报告也称赞有加，要求政治部加印报送。野战军总部将《蒋军七十四师的调查研究》下发所有作战部队，发动全野战军研究七十四师："全军务必洞悉敌军的长处和短处，改进我军的战术、技术。"

主持整个调研工作的华东野战军政治部副主任钟期光为调研稿题写了书名。

历史是最好的教科书，也是最好的清醒剂。2025 年距《蒋军七十四师的调查研究》发表过去了 78 年。当我们再次翻开这篇充满着军事智慧的调查研究报告时，我们能感受得到人民解放军从对手身上汲取经验教训的广阔胸襟和谦虚态度。而这，也是我们从一个胜利走向另一个胜利的重要原因。

参考文献

[1] 军事学院《战史简编》编写组. 中国人民解放军战史简编 [M]. 北京：解放军出版社，1983.

[2] 李雪东."意义极大"的孟良崮战役 [N]. 学习时报 . 2017-07-08（6）.

[3] 李玉香，李敏. 孟良崮战役在解放战争中的地位及意义 [J]. 档案春秋. 2013（13）：21-22.

1955

用群众语言反映群众心声
——读赵修关于喂养和使用耕牛的调查报告

张 米

作者以很大的热情研究了这个问题，所述农民的意见也确是农民自己的语言，似乎作者是到了这个乡同群众一道研究过这个问题的。我们希望全国二百几十个地委的书记，每人都下乡去研究一个至几个合作社，每人写出一两篇文章来。

——毛泽东

20 世纪 50 年代，有一位地委书记带领调查组下沉调研，写了一篇关于耕牛问题的调查报告。

就是这篇调查报告引起了毛泽东的重视，他不仅修改了标题，还亲自加上按语："作者以很大的热情研究了这个问题，所述农民的意见也确是农民自己的语言，似乎作者是到了这个乡同群众一道研究过这个问题的。我们希望全国二百几十个地委的书记，每人都下乡去研究一个至几个合作社，每人写出一两篇文章来。"这篇调查报告后来被收入毛泽东主编的《中国农村的社会主义高潮》一书。

这位地委书记叫赵修，他写的这篇调查报告题为《襄郜农业社建立耕牛管理、使用和喂养制度的几点经验》。毛泽东充分肯定赵修深入基层、扎实开展调查研究的工作作风，并在中央召开的全国省、地委书记会议上，号召全国地委书记向他学习。

这篇调查报告因何而作?

新中国成立后,农村土地改革激发了农民的积极性,但也存在很多生产难题。在整个 20 世纪 50 年代,我国还没有实现农业机械化的情况下,耕牛是农业生产非常重要的生产力,农民耕种、收割、运输全靠耕牛,在某种意义上可以说农民是靠耕牛吃饭的。因此,耕牛喂养好坏,使用是否适当,管理保护如何,直接关系到每个农业生产合作社生产力的高低,更关系到合作社能否巩固。

1951 年春,襄阳土地改革结束后,襄阳地委按照党中央"组织起来,发展生产",走农业互助合作道路的指示,成立工作组,进驻襄阳县伙牌乡郜营村开展试点,帮助其建立了初级农业生产合作社——襄郜农业生产合作社。

1954 年下半年,襄阳地委抽调 171 名党政干部组成工作组,下村调研农业合作化推进情况,襄阳地委书记赵修也率领工作组前往襄郜农业生产合作社。其间,地委办公室干部张诚撰写了老社带动新社发展的材料。赵修看后让《湖北日报》驻襄记者刘俊杰就此经验再做深入调查。刘俊杰在张诚的原稿基础上做了较大修改,赵修加上编者按由《襄阳通讯》印发各地学习借鉴。编者按指出:"种地无牛客无本。牛是农业的生产力,耕牛喂养好坏,应该是一个合作社办好办坏的标志之一。"

虽然襄郜农业生产合作社的建立为各地农业生产合作社的发展提供了可资借鉴的经验,但是集体喂养的耕牛问题仍然十分突出，1955 年的春耕生产面临着严重的困难。

此时，毛泽东到湖北就发展农业生产问题进行调查研究。时任襄阳地委书记的赵修参加了毛泽东召开的座谈会，毛泽东调查研究的精神给他留下了深刻的印象，也给了他极大的鼓舞。

赵修回到蹲点的襄阳县伙牌乡襄郜农业生产合作社，带领襄阳地委一班人，下村蹲点、亲办试点，深入调查研究，把农业互助合作当成一件大事去抓，并准备着手撰写一篇关于耕牛喂养和使用管理的调研材料。

此后一个多月的时间里，他与群众同吃同住同劳动，先后访问了有牛户、无牛户、入社户、未入社户等各个层面的数十名干部群众，全面了解实际情况，掌握了大量的第一手资料，摸清了耕牛喂养发展缓慢的原因。

赵修运用群众的语言，有的放矢、对症下药，分门别类地整理出了一套农业生产合作社喂养、使用以及管理耕牛的制度和办法，形成了《襄郜农业社建立耕牛管理、使用和喂养制度的几点经验》的调查报告，后在《襄阳报》等报刊上发表，引起了湖北省委、省政府的高度重视，遂以文件形式转发全省各地学习借鉴。

用"农民语言"解答农民难题

时谚曰："耕牛农家宝，定要照顾好。"耕牛是农业生产的"宝贝"，虽然合作化把农民组织了起来，但是当时农村生产力落后，各地合作社养牛的积极性依然不高。

　　调查报告中提到，耕牛入社前，是农户个人养；而耕牛入社后，农民认为"入社耕牛"是大家的，牛即使死了也找不上自己。当时新中国刚成立不久，群众觉悟还不高，对合作社的认知有偏

《襄阳报》刊登的《襄郧农业社建立耕牛管理、使用和喂养制度的几点经验》

差，因此对"入社耕牛"这一农业生产的最主要的生产资料爱惜不够、管理不善，以致严重影响农业生产，解决这一问题，迫在眉睫。

这篇调查报告通篇使用具体的实例、数字和生动朴实的"农民语言"，以及实事求是的严谨分析，对解决农业生产合作社中耕牛喂养、使用、管理等问题，进行了制度性、经验性研究。主要体现在"调整牛价、正确执行政策""关于耕牛制度""管理和奖惩制度"三个部分。报告及时全面正确地回答了这些问题，并且具有很强的可操作性，对于全国各地办好合作社具有相当大的借鉴作用。

毛泽东正是看中了这一点，把这篇调查报告收进了由他亲自主持编辑的《中国农村的社会主义高潮》一书，并将原标题改为《襄阳县伙牌乡襄郿农业生产合作社关于喂养和使用耕牛的经验》。此书在当时被称为"农业合作化运动的百科全书"，很大程度上成为全国各地农业合作化快速前进发展的助推指南。

赵修关于喂养和使用耕牛的经验被推广后，不仅解决了合作社缺耕牛、群众入社有顾虑的问题，还有效推动了农业合作化进程。毛泽东充分肯定赵修深入基层、扎实开展调查研究的工作作风，号召全国地委书记向他学习。

深入"泥土中"才能扎根群众里

1955 年，赵修带着满腔热情，深入农村调查研究，关注农民的切身利益，不但为解决襄阳地区农业合作化中的突出问题找到了好的解决办法，而且对倡导干部深入实际开展调查研究，对克服官僚主义、改进领导作风、总结实践经验、加强农业合作化指导、提高干部工作能力等，都具有很强的示范意义。

2023 年，中共中央办公厅印发的《关于在全党大兴调查研究的工作方案》明确指出，调查研究工作要力戒形式主义、官僚主义，不搞作秀式调研，就新形势下扎实深入开展调查研究提出了明确要求。

在当下，这篇调查报告为我们开展调查研究提供了生动示范，依然具有十分重要的启示意义。

一、调研就是要说大实话

赵修在调查报告中提到"磨子一年一定要锻修两次到三次""给牛拌草，在冬天要'糊啦啦'（少放水），夏天要'摸渣渣'（湿一点）"……耕牛的习性、作息，早中晚各喂多少，这些特别具体又很容易忽视的问题，赵修在调研中都摸得一清二楚，耕牛相关的每一个细节他都用心了解掌握。他结合农村实际，深入、精准地反映农村耕牛的客观问题，真正做到了走到农村、走进农家、对话农民。全篇报告没有一句多余的空话，对每一个问题紧密罗列、详细钻研解决办法，实属调研报告的一股清流。

正如毛泽东所点评的那样，"所述农民的意见也确是农民自己的语言，似乎作者是到了这个乡同群众一道研究过这个问题的"。这种调研作风和文风对于当下调查研究具有很大的借鉴意义。

调查研究中有一种不良倾向，就是违背求真务实的作风，调研不深入、走过场。比如坐着车子转、隔着玻璃看的"浅调研"；比如带着"框框"下基层，预设结论、按需求证的"假调研"；又比如走规定线路，看"盆景"典型的"被调研"。这些非但不解决问题，还带坏了作风。搞调查研究，就要从文山会海中走出来，出深院、下高楼、接地气，身入又心至，不搞形式主义官僚主义的虚招，按事物的本来面目了解事实，才能回归调查研究工作的本质，推进调查研究机制的健康发展。

二、和群众真情实意地沟通

古人云："耳闻之不如目见之，目见之不如足践之。""纸上之浅"莫如"躬行之深"。力戒"作秀"调研，必须走"近"群众。要把事情的真相和全貌调查清楚，把问题的本质和规律把握准确，把解决问题的思路和对策研究透彻，就必须听民声、察民情、问民意，真"调"实"研"。

赵修在报告中说道："原主的有些牛是自己从小养大的，和牛有了感情，也摸清了它的脾气，所以容易喂好。""群众过去也有这个习惯。"这反映了赵修在实际调研过程中研究问题时，有和群众真情实意地深入沟通，就他们存在的问题交流、思考，没有作秀的花架子，更多地考虑了群众的情感和利益。

今天，我们的党员干部在调研时也应同样真情实意地同群众沟通，把老百姓的真实意见想法反映上来。

三、调研要扎扎实实解决问题

调查研究要奔着问题。习近平总书记曾强调，要带头抓好调查研究，深入实际、深入群众，增强问题意识，真正把情况摸清、把问题找准、把对策提实。

问题是时代的声音。赵修的调查报告值得学习之处，就在于坚持问题导向、实事求是、见招拆招、力求实效。对于无牛户认为"牛不是自己的，因此也懒得去喂"等工作积极性问题，他制定了"定膘保膘"的奖惩制度；综合考虑到实际劳动强度和个人能力问题，他又精准施策，"挖青草，暂规定每八斤青草记一分，发动半劳动力、小孩去挖"。有针对性地根据劳力强弱分配工作，兼顾每位合作社成员都能劳有所得。

调查研究的过程就是发现问题、正视问题和破解难题的过程。基础是"调"，务求听到实话、查清实情，切实找准制约现实工作高质量发展的问题症结。核心是"研"，既要找准"病灶"，也要找准"病根"，见症开方，寻觅对症治疗的良药。关键在"用"，通过高质量的调研报告和务实有效的改革创新举措，做实调研"后半篇文章"，推动问题真正得到解决。

参考文献

[1] 郝敬东，叶和平，梁发双.党的好干部赵修：纪念原中共襄阳地委书记赵修诞辰 100 周年 [Z].http：//www.xfsq.cn/szyd/dsyj/202105/t20210518_2472859.shtml.

[2] 襄阳市文化襄阳研究会.地委书记赵修"一竿子插到底"的深入调研精神 [Z].http：//whxy.xysww.com/a/662.html.

原文摘录

襄郜社在社员讨论当中，算了一个损失账，算出那死去的五头牛，一匹马，共值一千元。这样一算，大大启发了社员爱社、爱牛的思想。社员都痛心地说："牛喂得不好不得了。"并且摆出了耕牛喂养使用上的严重问题，大家大吃一惊。又追了瘦弱死亡的原因，大家也认为非定个规矩不行。不然乱使乱用，就会越喂越瘦。没有一个规矩，喂的好坏也显不出个高低来。

一、调整了牛价，正确执行了政策。因为这个社是老社，就在折价归公的基础上，经过社员民主讨论，规定了以下的耕牛喂养制度：

（一）定膘保膘，分户包干喂养。喂一头牛，每月四十分。喂肥了，另外分三等奖励：全年奖谷子七斗、五斗、三斗。保住膘，不奖不罚。掉了膘，分三等，每月扣工分：十分、八分、六分。每三月评一次，每年分两次奖励。

由于牛棚小，喂养条件差又缺少经验，暂时不采用集体喂养，尽可能还是分散归原主喂养。原主的有些牛是自己从小养大的，和牛有了感情，也摸清了它的脾气，所以容易喂好。

因为现在豆料缺乏，规定各户用牛推碾磨，推一斗麦子交三升麸子、一斗豆子交一升半豆皮给牛吃（群众过去也有这个习惯）。麦子、豆皮超过这个数的，超过部分由社收买。从现在就挖青草，暂规定每八斤青草记一个工分，发动半劳动力，小孩子去挖。

（二）召开老农座谈会，总结喂养经验：

（1）草短料碎。铡草不能超过一寸长，群众说："草铡一寸，牛吃有劲。"铡草二十五斤记一个工分，草铡长了要扣分。

（2）牛圈勤垫，牛能休息，也能积肥。规定一头牛每月四车肥（五、六、七月在外，因这三个月牛多在外边）。超过四车的，超过部分由社收买。一车四角钱，不够四车的扣分，少一车扣两角。

（3）喂牛要勤。牛吃"靠草"，就是定时定量。少添一点，勤喂。添多了，草滚熟了，就不肯吃了。一次添得太多，群众叫"懒草"。

每天天亮前喂饱，晌午喂一次，晚上喂一次。一定要定量，群众叫喂"园草"（每次都喂饱）。不能饿一顿饱一顿。

拌草。开始喂草多，料拌少，最后到牛快饱的时候，多加料，少拌草。这样，更能使牛多吃一点。拌料要均匀。

喂牛要一次喂饱。如果间断，牛一倒沫，再喂就不肯吃了。

给牛拌草，在冬天要"糊啦啦"（少放水），夏天要"摸渣渣"（湿一点）。

（4）要做到一干四净。一干，就是牛铺要干，勤垫土，土要打碎整平。四净：草净、槽净、水缸净、牛身净。

要经常洗刷牛身。

牛有病要隔离，免得传染。并且报告社干部，及时医治。

二、关于耕牛的使用，也规定了制度。谁喂，谁使，谁管，喂、使、管统一由专人负责。把牛分到队组，牛固定地片，建立责任制度。

（一）犁地、拉车，耕牛排队，定时、定量、定质。

牛配具，一定要搭配好。快牛和慢牛配具，容易把慢牛拉垮。

牛犁地，根据牛的强弱定量，每天三亩、二亩半、两亩。如果牛强弱有了变化，由喂牛的人主动提出，还可以随时修改定量。根据定量，犁多的不加分，犁少的减分。牛到地头来回，一定要"轻犁折耙"。这就是把土踢一下。不然，带着土，犁耙下去，一方面牛吃力，另一方面地也犁耙不平。

拉车，根据远近定量。车上坡、难走的路，要帮助牛推车。重车不能坐人。车轴按时上油。打牛不能过火。

（二）推碾磨。召开妇女社员会进行了讨论后，规定天一亮就要把牛喂饱，到晌午妇女做饭时间，歇磨喂牛，两顿饭时间以后再推。下午地里散工的时候把牛牵回。磨子一年一定要锻修两次到三次。

（三）牛绳套索。谁用谁一定要整理好，不能把牛腿磨破。

三、管理和奖惩制度：

（一）牛不喂饱不准用。使牛不能过时过量。如果违犯，喂牛户有权干涉。严格贯彻谁喂谁管理的制度。

（二）定膘保膘制度。每三月评一次，瘦了要扣分。喂肥了每半年奖励一次（麦季一次，秋后一次）。因病而瘦，例外。

（三）组织检查委员会，专门检查耕牛喂养、土地耕作质量和财务制度。

——摘自毛泽东《中国农村的社会主义高潮（中册）》

1961

杜绝主观主义的调查研究

——重温田家英的"嘉善调查"

佟秋月

制定农村工作条例，我是听了谁的话呢？就是听了田家英的话，他说搞个条例比较好，我们在杭州的时候，就找了江华同志、林乎加同志、田家英同志，我们商量了一下，搞个条例有必要，搞条例不是我倡议的，是别人倡议的，我抓住这个东西来搞。

——毛泽东

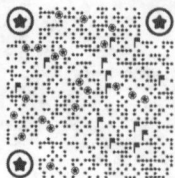

"制定农村工作条例，我是听了谁的话呢？就是听了田家英的话，他说搞个条例比较好……"这是毛泽东在 1961 年介绍制定《农村人民公社工作条例（草案）》即"农业六十条"时说的话。田家英是何许人也？他做了哪些事情？缘何能让毛主席制定了调整农村工作的方案？

　　这一切都要从田家英的嘉善调查说起。在嘉善，田家英做了十分细致深入的调查，光调查笔记就记了厚厚一大本。在调查过程中，还有很多生动的事例，如夜寻炊烟味、专访王老五等。田家英数据翔实、内容可信的调查，为中央制定《农村人民公社工作条例（草案）》提供了重要参考，使中央及时地纠正了不正之风，改善了中国农村经济，推动我国经济社会走上正确的轨道。

"同吃同住不同劳；敢想敢说不敢做"

　　1961 年 1 月 20 日，田家英接到了毛主席的一封信，内容如下：

毛主席给田家英的信

(1961 年 1 月 20 日)

田家英同志：

　（一）《调查工作》这篇文章，请你分送陈伯达、胡乔木各一份，注上我请他们修改的话（文字上、内容上）。

　（二）已告陈、胡，和你一样，各带一个调查组，共三个组，每组组员六人，连组长共七人，组长为陈、胡、田。在今、明、后三天组成。每个人都要高级水平的，低级的不要。每人发《调查工作》（1930 年春季的）一份，讨论一下。

　（三）你去浙江、胡去湖南、陈去广东。去搞农村。六个组分成两个小组，一人为组长，二人为组员。陈、胡、田为大组长。一个小组（三人）调查一个最坏的生产队，另一个小组调查一个最好的生产队，中间的不要搞。时间十天至十五天。然后去广东，三组同去，与我会合，向我作报告。然后，转入广州市作调查，调查工业又要有一个月，连前共两个月。都到广东过春节。

　　　　　　　　　　　　　　　　　　毛泽东
　　　　　　　　　　　　　　　　一月二十日下午四时

　此信给三组二十一人看并加讨论，至要至要！！！

　　　　　　　　　　　　　　　　　毛泽东又及

1961 年 1 月 20 日，毛泽东就组织调查组事宜给秘书田家英的信

接到信后，田家英一刻都没耽误，迅速组成浙江调查组，21 日就离开了北京，22 日到达了杭州。经与浙江省委商量，按毛主席提出的"抓两头"的调查方法，决定在嘉善县（当时与嘉兴县合并）选一个差的生产队，在富阳县选一个好的生产队。嘉善县的那个差的生产队就是魏塘公社和合生产队，是田家英重点抓的。

为什么毛主席要安排几路人马分赴各地去搞调查呢？这是因为"这些年来，我们的同志调查研究工作不做了。要是不做调查研究工作，只凭想像（象）和估计办事，我们的工作就没有基础。所以，请同志们回去后大兴调查研究之风，一切从实际出发，没

有把握就不要下决心"。1961 年 1 月 13 日，中央工作会议的最后一天，毛泽东号召大兴调查研究之风。1 月 18 日，在八届九中全会上，他说：希望今年这一年，一九六一年成为一个调查年，大兴调查研究之风。调查要在实际中去调查，在实践中间才能认识客观事物。八届九中全会刚刚闭幕两天，他就致信田家英，立即开始实施他的调查研究计划。

田家英是何许人也？毛泽东为何选中了田家英担此重任呢？

田家英长期担任毛泽东的秘书，协助主席工作。先后参加了《毛泽东选集》的编辑、新中国第一部宪法和中央许多重要文件的起草。1961 年，39 岁的田家英被任命为中央办公厅副主任。田家英素来热衷于搞农村调查，将民间疾苦时刻挂在心上。他按照毛主席的指示，对调查工作提出了指导思想，即"打开脑筋，敢于发现问题""同心同德，忧国忧民"。他还拟了一副对联，作为调查组的工作守则，上联是"同吃同住不同劳"，下联是"敢想敢说不敢做"。之所以讲"不同劳"，是当时正值冬闲季节，调查工作紧张，同劳动势必流于形式还影响调查；"不敢做"，就是不准对地方工作"指手画脚，随意指挥"。

1 月 24 日下午 4 时，田家英与调查组成员石山、裴润、逄先知、薛驹、强世贤和徐立炘等到达魏塘公社。党委书记张行方接待，将他们安排在公社招待所吃住。在当晚 7 时田家英马上开展工作，请张行方丢开一切思想顾虑，真实地汇报公社情况。张行方就 1958 年以来，组织"大跃进""放卫星""大办钢铁""人民公社化""大办食堂""大兵团作战"等情况,如实全面地作了长达 6 个小时的汇报,至凌晨 1 时才结束。

不顾一夜的劳累,25 日上午,田家英等步行到和合生产队。根据安排,田家英在老模范陈安生家住宿,他就在陈安生床铺对面地上铺上稻草搭一张"柴地铺",其余人员安排在生产队机埠房内(小学放寒假后搬小学住宿)打"柴地铺"睡觉。稍作安顿后,调查组就分南北方向出去"串门"。

能不能冲破思想束缚,敢不敢提出所发现的问题

田家英很重视做历史的调查,他采取"串门"个别访问,分阶层召开座谈会的方法。选择了两户贫农、两户下中农、两户上中农,用了几天时间对六户家庭新中国成立以来的劳力、经济、生活状况的变化进行了算账对比。还请来了几位老贫农、老雇农、老中农和生产队干部促膝交谈,连续座谈了好几天,对这个生产队从历史到现状,从党的方针政策的贯彻执行,到农民的吃、穿、住、用各个方面都做了详细了解。

比如,专访王老五。王老五是贫农,1961 年 44 岁,是和合生产队四小队副队长,全家 7 人,妻子 37 岁,在队里牧场养猪,另有 5 个儿子。田家英到王老五家"串门",他走进草棚,与王老五拉家常,从 1949 年前到 1960 年,从生产到吃穿住用都谈,既谈情况又算账对比,足足谈了 3 个多小时,田家英边问边听边

记录。王老五这户典型为调查组撰写的《魏塘人民公社和合生产队调查》中六户典型之首，记载达 2800 多字。

除此之外，在调查过程中，田家英非常善于发现问题，并且要进行实地调查。比如，虽然时值农闲，在食堂化的和合生产队是没有炊烟和犬吠鸡鸣的，到了中午吃饭时间，农民们拿着面盆、铝锅去食堂打粥，但一到晚上却能闻到阵阵浓烟味儿，调查组百思不得其解。于是，调查组顺着烟味儿进行夜访。调查组进入几户农家，看到的都是用砖头临时搭起的"灶头"（办食堂时社员家的灶头都拆掉了），放上锅子在烧，揭开锅盖，里面煮的是羊头草（农民喂猪的一种水草）、胡萝卜等加上食堂拿回的粥。

其实，发现问题容易，难就难在能不能冲破思想束缚，敢不敢提出所发现的问题。在当时大环境的制约下，很多人的思想被束缚得很紧，不敢打开思路，很多人明知不对，却又不敢说。那么，田家英敢不敢把自己所调查到的真实情况反映上去呢？

1961 年 2 月 6 日，在杭州刘庄，田家英如实向毛泽东汇报了所见所闻，恳切地陈述了意见，建议中央搞一个人民公社条例。

田家英的汇报震动了毛泽东。毛泽东当即就纠正"五风"（共产风、浮夸风、命令风、干部特殊风和对生产瞎指挥风）问题、退赔问题、起草一个工作条例、生产队规模问题、自留地问题、食堂问题、干部问题作了 7 条指示。

要"正确地"进行调查研究

作为调查研究的"行家里手",田家英认为,要"正确地"进行调查研究。为什么要特别强调"正确地"调查研究?田家英把调查研究分为两种:一种是以科学的态度调查研究;一种是以主观主义的态度调查研究。"并非一进行调查研究一切问题就可以解决了。"主观主义的调查研究,"不调查研究则已,他调查研究,就更可恶"。因为"他不进行调查研究,主观主义是空的一套,他一调查研究,倒弄来一些适合他的口味的材料,不是更可恶吗?"。怎么还有主观主义的调查研究呢?田家英援引恩格斯《反杜林论》中的话说:"唯心主义也有它的所谓事实根据的,只不过它的'事实根据'是客观事物的一个合他口味的片面罢了。如果我们头脑里仍旧是老一套,进行调查研究就先有个框子,对事物合则取,不合则不听,越调查研究就越主观。"所以说"调查研究也不简单,要正确地进行调查研究,要科学地调查研究"。

田家英在嘉善县魏塘公社和合生产队开展的调查在全党的影响很大,对于纠正不正之风,重新认识我国农村经济、农业发展的状况,制定适合的政策都起到了极大的推动作用。1961年3月,党中央在广州召开会议,制定了《农村人民公社工作条例(草案)》即"农业六十条",并在浙江的嘉兴地区搞试点。毛泽东在这次会议上提到"农业六十条"由来时介绍说:"制定农村工作条例,我是听了谁的话呢?就是听了田家英的话,他说搞个条例比较好,我们在杭州的时候，就找了江华同志、林平加同志、田家英同志，我们商量了一下，搞个条例有必要，搞条例不是我倡议的，是别人倡议的，我抓住这个东西来搞。"

"农业六十条"在嘉兴进行试点，完成后在全国进行推广，它是我国农村经济从极度困难的边缘走向复苏的一个转折点。生产队自主权大大加强，停办公共食堂，阻止了"共产风"，推动了生产力发展。

作为当年浙江调查组成员之一的逄先知在《毛泽东和他的秘书田家英》一书中说：

"1965年12月，田家英和我又一次去和合生产队，旧地重访，一种难以抑制的激情充满心田。今日杭嘉湖农村，呈现一片欣欣向荣的景象，同1961年那衰败破落的情景，形成鲜明对比。农民家里稻谷满仓、鸡鸭成群，全县农田实行电力排灌，看了实在令人高兴。"

参考文献

[1] 李华.毛泽东、田家英与1961年浙江农村调查：以嘉兴县魏塘人民公社和合生产队为中心[J].红广角，2018（05）：79-93.

[2] 李华."大跃进"之后关于正确领导问题的思考：以1961年田家英嘉兴调研讲话为例[J].广东党史与文献研究，2019（05）：68-76.

[3] 嘉善县政协文史委.嘉善文史.浙江：嘉善县政协文史委，2009.

[4] 嘉善县档案局.嘉善农耕风物笔记[M].北京：中国文史出版社，2014.

一

和合生产队出现这种严重的局面，主要的原因是什么呢？是不是自然灾害？不是。据群众说，这几年的年景不错，并没有什么灾害。是不是因为民主革命不彻底？这里在土地改革的时候，有过"和平土改"的偏向，群众没有经过严重的阶级斗争的锻炼，所以也没有在土地改革中真正培养出一批有阶级觉悟的干部。应当说，这种情况，是造成和合生产队落后的一个方面的原因，但是主要的不是这个原因，而是"五风"为害。"五风"吹掉了合作社时期的一套行之有效的经营管理制度；"五风"引起了粮食问题的更加紧张；"五风"同干部作风和组织不纯交织在一起。同时，"五风"又使得高级社时期已经存在的矛盾，如由于生产队规模过大而产生的平均主义等等，更加突出。

"五风"起于一九五八年早稻收割前后的浮夸风，大盛于公社化初期的"大兵团作战"。一九五九年四月以后，"共产风"稍息，瞎指挥风和命令风继续发展，一九六〇年发展到很严重的地步。直到中央十二条紧急指示下达以后，才基本上停息下来。

　　浮夸风的集中表现是虚报粮食产量。一九五八年夏天，这里的早稻的生长情况是很好的，但是在全乡干部会上进行评比的时候，过高地估计产量，而且越报越高。开始估产四百斤，后来报到六百斤、八百斤，以至一千斤。后来落实下来，实际上是四百三十九斤。一九五九年四月，毛主席的党内通信下达以后，干部和社员都非常高兴，但是这个指示信并没有真正地得到执行。那时公社来了一位干部，大反"右倾思想"，提高包产指标，最高包到九百七十九斤（最后实产是四百三十六斤）。一九五九年十月，公社党委在一次党员干部会上，举行保证完成一九六〇年粮食指标的宣誓。和合生产队提出的粮食包产指标是每亩一千四百七十一斤，保证指标是一千八百三十一斤，争取指标是两千四百一十六斤（最后实产是二百九十一斤）。虚报粮食产量的结果，增加了征购任务，挖了社员的口粮，使社员的吃粮一年比一年减少。

　　一九五八年公社化出去，大刮"共产风"，实行了四个月的"大兵团作战"，又实行了所谓"六集中"，即猪羊、耕牛、农具、人口、居住、食堂和自留地集中。这样一来，大家就以为什么都要"共产"了，干部乱拿社员的东西，社员也乱拿集体的和别人的东西。公社和生产队无偿地调用了社员大量的房屋、砖瓦、树木、竹子、农具、猪羊、家具等。和合生产队的大部分男整劳动力被调出去，办钢铁，修水利，达三四个月之久。此外调到县以上工矿企业的有五十人，以后回来十五人，还有三十五人至今未回。

随着"共产风"、浮夸风而来的是瞎指挥风和命令风。"大兵团作战"的时候，实行"组织军事化，行动战斗化，生活集体化"，社员都被编入连、排、班，连长每晚十二点到大队部接受命令，第二天早晨布置下去。早晚点名出勤，行动红旗指挥。这年冬天种春花作物，公社布置要做到园田化。还规定蚕豆每亩下种七十斤，麦子每亩五十斤。以后又硬性扩大连作稻面积和强行推广各种技术措施。这个生产队的土地多、劳力少，一九五八年以前连作稻很少，一九五九年公社硬要它扩种连作稻达水田面积的百分之四十，结果只完成了百分之二十八。在生产过程中，从下种、插秧、耘田到收割，一律由公社作了规定，每日一报，完不成就"整风"。一九六〇年，瞎指挥风和命令风发展得更加严重。这一年扩种连作稻的计划变了四次，从占水田面积的百分之三十，增加到百分之四十、百分之五十五、百分之七十。社员拼命地干，才完成了百分之四十一，结果错过了季节，荒了四百六十亩田，浪费了大量的劳动力、肥料和种子。正如老农民所说的："一九六〇年减产，不是什么旱灾，是因为上面乱指挥，种田的人不能自己作主。"

——摘自《魏塘人民公社和合生产队调查（摘要）》

1961

聚焦一个样本进行跟踪调查
——读胡乔木的《古云调查》

张勤繁

　　真要把社会调查作得通办得成功，达到可靠圆满的地步，非另注重一点不可……就是如何使一般人，尤其是老百姓，接受你的调查，相信你的调查，甚至于欢迎你的调查，而达到积极帮忙合作的程度；反过来讲，就是如何使人们不拒绝、不反对、不怀疑、不讨厌你的调查。如其不然，假定你有天大的本领，你精通高深的统计，你读尽了社会调查原理与方法的中西著作，也是无济于事，倒许贻害。

——李景汉

一次深入细致的调查，树立唯实求真的标杆；持续 60 余年的调研接力，打造观察农村变迁的鲜活样本……

1961 年 1 月 30 日至 3 月 7 日，遵照毛泽东主席指示，中央书记处候补书记胡乔木率中央调查组深入湘潭县石潭人民公社古云大队调查，形成了 3 万余字的《湘潭县石潭公社古云大队调查》（简称《古云调查》），及时指出了当地工作中存在的乱象和歪风、推动了有关问题的妥善解决，上报党中央和毛主席后引起高度重视，为当年党中央在广州召开工作会议、讨论和制定《农村人民公社工作条例（草案）》提供了重要参考，也为今天的人们从历史纵深观察一个村庄的发展变迁提供了翔实资料。

一次直奔基层、直面问题的调研

调查研究是获得真知灼见的源头活水，是进行科学决策的根本依据。1961 年初，为了深入了解农村情况、科学调整农村政策，做好召开中央工作会议的准备，党中央派出 3 个调查组分赴广东、浙江、湖南的农村进行调查。广东组、浙江组分别由陈伯达、田家英负责，湖南组由胡乔木负责。

胡乔木率领的中央调查组，其成员有《红旗》杂志编委王力，中共中央办公厅群众组副组长王愈民、国家计委农业处处长于明等同志，以及湖南省委政策研究室副主任毛华初、湖南省农业厅办公室副主任贺炳贤、湘潭地委办公室主任李炎巨、湘潭县委常委秘书赵荣球等。1961 年 1 月 30 日下午，调查组一行径直住进了石潭人民公社古云大队的大队部。那是一栋土砖旧瓦屋，屋内相当潮湿，胡乔木住一个小间，调查组其他同志住一间长房开通铺。一进屋，胡乔木就自己整理床铺、点煤油灯，晚饭与调研组同志一起在大队部吃钵子饭、大锅菜，没有半点儿特殊。

第二天一大早，胡乔木和调查组的同志便马不停蹄地开始了调查工作。在古云大队调查期间，他们走遍了 4 个生产队、25 个作业组，深入公共食堂、卫生所、副业队、供销社、学校等地方，现场了解各类情况，面对面听取干部群众意见。由于当时农村"五风"问题较为严重，干部群众言行上稍有"落后"就有可能挨批斗，导致一些社员即使心中有很多意见，也不敢提出来。

面对这一状况，胡乔木和调查组的同志选取了 12 户贫农和中农家庭，进行剖析式调查，全面了解新中国成立前后家庭经济和生活变化情况，过去三年的生产、干部作风和执行政策情况以及他们的看法，对今后搞好生产、办好公社的意见建议等。调查时，除了宣讲政策、说明来意外，胡乔木还主动给村民递烟，同大家拉家常，然后边谈、边问、边议、边记，对村民们过去那些记得不是很清楚、说得不是很精准的事情，比如收入、开支等，调查组的同志则帮他们推算年月、计算数字。看到调查组同志的作风如此扎实、工作如此细致、为人如此和善，广大群众便慢慢打消顾虑，敞开心扉。为了多层面、多角度掌握更多情况，胡乔木和调查组的同志还在金泉生产队召集 10 多位妇女进行座谈，详细了解她们的生活状况和对农村公共食堂等各方面工作的看法。

与群众走得越近，了解的情况就越多、越真实。调查期间，胡乔木还亲自下到田间，与社员们一边劳作一边聊天，看到、听到了许多开调查会、座谈会掌握不了的情况。比如，为了"大搞积肥运动"，队里干部只要见到路上有行人，不管对方是走亲戚还是有别的事情，先抓住挑 10 到 15 担"爱国肥料"才放行。还比如，干部要求村民凼子里放盐搞"人造尿"，力争早稻亩产三千三，等等。面对严重的瞎指挥、浮夸风，胡乔木痛心疾首地对大队干部说："群众饭都吃不饱，患水肿病的人这么多，会要死人的，你们怎么还不向上面汇报？"

一篇实事求是、内容翔实的报告

在 1961 年 1 月 31 日至 2 月 14 日集中调查的基础上，2 月25 日至 3 月 7 日，调查组根据分析研究情况，又对前期掌握的材料进行了核实和补充，并向石潭公社党委、湘潭县委、湖南省委湘潭县整风整社工作队的负责人通报了调查情况，就古云大队过去工作中存在的问题交换了意见，取得了一致的看法。胡乔木还邀请湘潭县5个公社党委书记、7个大队总支书记就今后如何搞好公社和大队工作等问题进行座谈，听取他们的意见。在此基础上，胡乔木和调查组的同志经过反复讨论修改，形成了3万余字的《古云调查》报告。

该篇报告由四大部分组成，体例科学、内容翔实，全景式展现了古云大队的情况。报告第一部分介绍古云大队的概貌、简史、生产力和生产、大队组织、队有经济、供销社和信用社、文教卫生、生活福利等情况。第二部分记录了1957年下半年以来古云大队的工作发展过程、面临的严重局面和主要问题、"三反"（反贪污、反浪费、反官僚主义）和整风整社运动情况。第三部分为"若干政策和工作问题"，详细记录了生产小队的职权和工作、"四固定"（固定土地、劳力、耕牛、农具交生产单位使用）和"三包一奖"（包工、包产、包成本，对增产单位给予奖励）、收益分配和家庭副业、商品供应和农副产品收购、匠人的培养和工资、妇女问题、外流人口等12个方面的情况。第四部分为调查附件，包括古云大队12户农民的家庭调查、古云大队综合调查会纪要、古云大队倪湾小队调查、干部打人的起因及经过、关于水稻生产的成本问题、古云大队统计资料等10个方面的内容。报告详细真实，至今读来，仍有身临其境之感，仿佛一位位质朴真诚的农民大伯、大嫂，就坐在身边话着家常。

报告如实记录了古云大队"在过去三年的时间里",粮食生产逐年减少、大队负债逐年增加、生产力遭到严重破坏、家庭副业几乎全部消失等问题,并详细分析其中原因、列出具体表现和事例,强调"这些触目惊心的事实,再一次深刻地教育我们:纯洁干部队伍,保证党的领导,贯彻群众路线,正确执行政策,乃是办好人民公社,发展农业生产,改善群众生活的关键所在"。

困难局面如何扭转?农村发展将向何处去?报告对此进行了深入的思考,指出自从"三反"和整风整社运动以来,古云大队的群众在上级党委的领导下,打倒了坏人,夺取了领导权,党的政策和群众见了面,并且开始得到贯彻执行,从而在短短的三四个月的时间里,就完全改变了过去三年来所造成的严重混乱状态。"现在,古云大队无论在政治上、生产上,都出现了一个生气蓬勃的崭新局面。人们的心情开始舒畅,广大群众和干部,不仅迫切要求恢复和发展生产,而且对于医治好过去的创伤,搞好今后生产,也有了决心和信心,并已见之于实际行动。"

一场对标对表、持续跟踪的接力

日新月异今胜昔,天翻地覆慨而慷。时间的指针来到1991年,改革开放的春风早已吹遍祖国大地,距离当年胡乔木一行开展古云调查也过去了整整30年,当年的石潭公社古云大队在行政区划上也早已调整为古城乡古云村、古城村。30年来,古云有了哪些变化和发展？它的现状如何？农村改革和经济建设有哪些成就？还有哪些问题需要解决？村民有什么要求？……带着这些时代之问，着眼认识古云变迁，并通过解剖这一典型，总结农村社会主义建设的经验教训，为上级领导机关研究制订有关政策、指导工作提供有效参考，中共湘潭县委成立"古云三十年变迁"调查组，于1991年4月10日至6月15日，进行了一次跟踪性的社会调查。

这次调查分三步进行：第一步，4月10日至23日开展农民家庭调查，范围仍是1961年中央调查组所调查的12户，此时已变成37户，着重了解村民对现行政策及其执行情况的看法；第二步，4月24日至5月15日作专题调查，根据家庭访问中村民所关注的问题，列出19个专题，找村民、村组干部和有关部门干部座谈，查阅有关资料，弄清每个专题的历史与现状、存在的问题与解决的办法；第三步，5月16日至5月31日找村、乡级干部作综合座谈，了解两村和古城乡的基本情况，并核对家庭调查、专题调查的情况和问题。同时，还对1961年调查时作为参考对照的3个村进行了跟踪性了解。然后，他们用半个月的时间补充材料，经过反复讨论研究，取得一致认识，并对照30年前《古云调查》报告的体例，完成了《湘潭县古城乡古云村、古城村调查》。他们将调查报告呈报给上级，引起中央、省、市有关领导的高度重视。时任中共中央顾问委员会常委胡乔木为该报告题写了书名。时任全国政协副主席王任重题词："调查研究是成功之本。"

时间长河奔涌向前，奋斗脚步永不停歇。2011年，是胡乔木一行开展古云调查50周年，在我国工业化、城镇化取得巨大成绩，农村面貌发生巨大变化的背景下，古云、古城与中国大部分农村一样，在基础设施建设、农业生产条件、农民生活水平、教育卫生事业和基本公共服务、思想观念等诸多方面都发生了深刻而显著的变化，充分反映了我国农村改革发展和社会主义新农村建设的伟大成就。为把古云调查这个样本保存好、延续好，"从一个

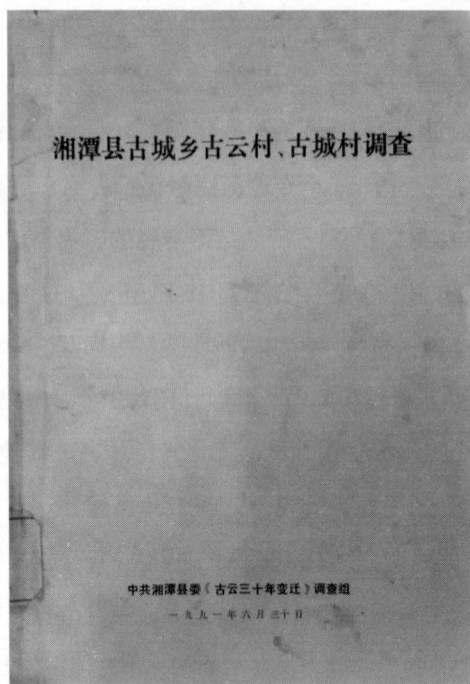

《湘潭县古城乡古云村、古城村调查》

更大的时间尺度来观察一个村的发展与变迁"，相继在湘潭县、湘潭市担任过领导职务、时任湖南省人民政府经济研究信息中心主任的梁志峰，组织、带领调研组进行了第二次跟踪调查。

这次跟踪调查，从 2011 年底持续到 2012 年 6 月，调研组先后 8 次深入古云、古城两村，对 1961 年、1991 年调查的农户对象及其后嗣逐一进行了访谈，召开了市、县、乡、村相关人员参加的座谈会 10 余次，并选择了石潭镇甘露塘村、茶恩寺镇熊市村、杨嘉桥镇旷家村 3 个村作为对比村，开展对比研究。在此基础上，一方面按照 1961 年、1991 年调查报告的体例，形成了一个调查报告，便于纵向对比研究；另一方面根据省政府经济研究信息中心作为省委、省政府智库的工作要求，选择了农业生产稳定发展、农民收入持续增加、破解农村基础设施建设难题、优化农村环境、加快农民工市民化进程、加强农村基层组织建设、改善农村党群干群关系等当时"三农"工作中的 8 个重大问题开展深度研究，提出政策建议，供省委、省政府领导及相关部门参考。

2021 年，湘潭县将胡乔木在古城村调查时居住的那栋旧瓦房进行了修复，挂牌"胡乔木调研旧居"，陈列了当年胡乔木开展古云调查的照片等资料，成为新时代党员干部开展党性教育的重要场地。胡乔木等老一辈革命家深入群众、实事求是、坚持真理的精神和作风，永远是我们学习的榜样。调查研究这个"传家宝"，永远是我们感悟真理力量、破解发展难题、打开工作局面的"金钥匙"。

参考文献

[1] 赵荣球. 深入实际 体察民情：忆胡乔木在湘潭县古云大队调查 [J]. 湘潮，2000（06）：24-27.

[2] 梁志峰. 古云村 古城村调查 [M]. 长沙：湖南人民出版社，2013：1-466.

原文摘录

自 1957 年下半年以来，古云大队在工作中连续发生了一系列严重错误：

1957 年 9—11 月，开展反对资本主义思想运动。这一年春夏之交，有些已经入社的富裕中农和富农，乘城市资产阶级右派向党进攻的机会牵回耕牛，搬走农具，大闹退社；在粮食问题上也大吵大闹，有的人一年吃到 600—700 斤还说少了。在这种形势下，上级党委统一部署了反击资本主义思想的运动。本来这样做是完全正确的。但是，到了当时的乡、社一级就错误地把一些本来属于内部矛盾的问题也当作敌我矛盾处理，打击面过宽，打击的对象很乱，除斗争了几户富农外，还斗争了一些富裕中农，甚至个别贫农。再加上"急风暴雨，先打浮头鱼"的口号影响之下，采取了打吊捆绑的错误方法，代替了摆事实，讲道理的方法，把思想斗争变成了"武装"斗争。

1957 年 12 月至 1958 年 3 月，开展了生产投资运动和积肥运动。高级合作化后缺乏生产资金，县委布置开展投资运动。当时的口号是"死钱变活钱"。不论光洋、现金、金银首饰、衣服被帐一概都要。主要办法：一是干部先"摸底"，认定谁家有钱财就向谁家要；二是谁家有人在外工作就写信去动员捐献。结果，不分阶级，不问对象到处要钱，要到谁头上如果不拿就"辩论"、斗争、捆绑吊打，仅古城高级社就打了10人，其中5个中农，5个富农。这次运动，共搞出7000多元，其中4000多块光洋。有些户没有现钱，便被逼着出卖衣服被帐等。

紧接着大搞积肥运动，口号是"家家落锁，户户闭门"，要做到"路无闲人"，凡是路上过往行人一律要担10—15担"爱国肥料"才能放行，并且没收携带的礼物（春节期间走人家）。后来又搞什么"人造尿"，囱里放盐；搞"肥库肥海"，口号是"尿用车，泥用担，早稻'三千三'"。"浮夸风"也随着来了，当时办社干部xx搞的一丘试验田，牌子上写的亩产一万三，后来当着群众还说"保守了，要搞五万斤"。

1958年9月至1959年1月，成立人民公社，1958年8月间，以高级社为单位召开群众大会，宣传人民公社的"十大优越性"，号召人人签名申请加入公社，签好名后，敲锣打鼓送到乡政府。9月间，在石潭镇召开了一万多人的群众大会，各乡干部拿着群众申请入社的签名单送到大会，随即宣布成立石潭人民公社，在公社成立大会上号召大炼钢铁。会后就大调劳力，挖煤、修路、运铁砂、炼钢铁。当时全大队的青壮年劳动力几乎全部被调走，家中只剩下一些老弱妇孺。

1959年2月起转入春耕生产，在二、三月间"大抓现金收入"，实行"财政一条鞭"，将社员入社的耕牛农具折款及上年社员往来存款都转入信用部，全部冻结，不准支取。在农业生产上，提出了什么"头可断，血可流，产量不可丢"、"人可死，计划不可破"等口号，出现了不少瞎指挥的事情。同时，还不顾条件，大搞经济作物。中央3月郑州会议后，这里也曾说要下放权力，分级管理，但没有认真贯彻执行。5月，毛主席的《党内通信》发下来，有的小队传达到群众；有的小队被干部扣下，没有和群众见面。当时，干部强令群众搞密植，有个老农就以毛主席的《党内通信》为根据，质问干部为什么还瞎指挥，干部说"毛主席说不稀不密，3×4就是不稀不密"！可见当时这里的干部，没有坚决执行主席的指示。6—8月，曾一度反对强迫命令，这个时间打人骂人现象曾有所收敛。

1959年9月到1960年3月，开始是"大反右倾、大鼓干劲"，接着就是大修"幸福堤"、"增产坝"、"花果山"。中央庐山会议后，县委召开了有各公社和大队主要负责干部参加的会议，反右倾，鼓干劲，对右倾机会主义分子展开了辩论、斗争，在斗争中发生了打骂现象。当时，晚稻还没有收割完，各大队就星夜乱调劳动力，不论老小、病人，通通要去。古云大队共调出 600 多人修"幸福堤"……接着又修公社和大队的"花果山"，搞"大路元帅"。前后干了 4 个多月，直到 1960 年 3 月初才结束。

——摘自胡乔木《古云调查》

1961

敢于和不同意见的人讨论问题

——读周恩来的《关于食堂和评工记分等问题的调查》

吴 金 王向丞

去做调查，就是要使自己心里有底，没有底是不能行动的。了解情况，要用眼睛看，要用口问，要用手记。谈话的时候还要会谈，不然就会受骗。要看群众是不是面有菜色，群众的粮食究竟是很缺，还是够……

——毛泽东

1961 年 5 月 3 日至 6 日，周恩来总理亲自到河北邯郸地区武安县伯延公社进行调研。后来感动无数人的电影《周恩来的四个昼夜》就是以这段史实为素材拍摄的。

周恩来的这次伯延调研，推动了全国农村公共食堂、供给制等问题的解决。在伯延的四个昼夜里，周恩来同村民们朝夕相处，总理亲民的形象、务实的作风、求真的精神给当地老百姓留下了深刻的记忆，也为党员干部做好调查研究起到了很好的示范作用。

选择典型地方、抓住重要问题调研

1961 年，为了解决农业经济衰退和农民的生活问题，毛泽东号召全党大兴调查研究之风，要求领导干部都要去各地调研，解决食堂、社队体制和农业生产问题。

1961 年 3 月 15 日至 23 日，中共中央在广州召开工作会议，讨论和通过《农村人民公社工作条例（草案）》（即"农业六十条"），准备对农村政策进行调整。在这次会议上，毛泽东批评一些干部："大家做官了，不做调查研究了。"他还强调，"做领导工作的人要依靠自己亲身的调查研究去解决问题。书面报告也可以看，但是这跟自己亲身的调查是不相同的"。

广州中央工作会议后，中央领导同志陆续带着《农村人民公社工作条例（草案）》，深入基层，征求意见，开展了大规模的调查研究。1961 年 4 月 28 日至 5 月 14 日，周恩来也带人到河北邯郸地区搞调查研究。

在这次调研中，周恩来选择将武安县伯延公社作为重点调查对象。之所以作此安排，周恩来是经过深思熟虑的。伯延是革命老区，曾是晋冀鲁豫军区所在地。伯延公社是华北地区一个具有代表性的公社，也是受"大跃进"影响较深的地方，选择在这里调研具有"解剖麻雀"的典型性。为了做好调研，周恩来提前 20 多天派出总理办公室副主任许明等工作人员到伯延进行详细的蹲点调查。

抵达伯延后，周恩来抓住了农民普遍关注的公共食堂、供给制和评工记分等问题作为重点进行调研。他走访了公社食堂、拖拉机站、供销社、饲养场，还走村串户，到了几十户社员家庭察看情况。他在路上也好，挨家挨户去走访也好，都要问大家为什么吃不饱，为什么大锅饭不好，调动不起来农民的积极性。他看到肩上挑担子的，都要接过来亲自试试看。在此期间，周恩来主持召开了至少 4 场座谈会：5 月 3 日上午，在伯延公社办公室召集 11 名社队干部座谈；5 月 4 日下午，召集 12 名社员代表座谈；

5月5日下午，召集13名小队干部和社员代表座谈；5月6日上午，召集先锋、胜利两个大队干部和社员代表25人座谈……几乎每一天都有一场座谈会，行程安排得满满当当。

"敢于和不同意见的人讨论问题"

调查研究要了解实情，就要能听真话，让基层群众敞开心扉说真话。对此，周恩来深有体会，他在广州中央工作会议上发言

1961年周恩来伯延调研纪事列表

时 间	日程安排
5月3日 上午	在伯延公社办公室召集11名社队干部座谈
5月4日 上午	到"小章坪"棉花地进行实地调研，并到农机站和汽配厂与群众谈话
5月4日 下午	召集12名社员代表座谈
5月5日 上午	与村民张二廷谈心
5月5日 下午	召集13名小队干部和社员代表座谈
5月6日 上午	召集先锋、胜利两个大队干部和社员代表25人座谈

1961年周恩来伯延调研纪事列表

时曾说过，要敢于听取不同意见，敢于和不同意见的人讨论问题。调查研究，必须贯彻实事求是精神，各人的认识总是有局限性的，要摆脱局限性、片面性，必须进行比较、综合、分析。要改正缺点错误，必须从深入下层、深入群众，认真进行调查工作入手。

在伯延调查前期，周恩来首先与公社、大队、小队干部们进行了座谈，在与公社干部座谈时，公社干部们对周恩来说："社员们能放开肚子吃，虽吃得不好，但能吃饱。"

但随后，周恩来到农户家中走访时却发现，很多农民家中根本没有存粮，很多社员面黄肌瘦，还有人患上了浮肿病。周恩来觉得公社干部们没有完全讲真话。于是，他决定召集社员座谈了解真实情况。

座谈会上，社员来了很多，但大家都低着头坐着，都不吱声。周恩来见老百姓心里有顾虑，有怕"官"畏言的心理，便转身指着墙上挂着的毛泽东和他本人的画像风趣地说："我叫周恩来，就是墙上的那个人，你们看像不像？这次来，就是要听听你们的心里话。你们有什么话只管说，有问题只管提，说错了也不要紧。"

这时，一个叫张二廷的社员直率地对周恩来说："这两年生活一年不如一年。""你幸亏来得早，要是迟来两年，你也得饿着肚子。"周恩来听张二廷这么说话，脸上顿时凝重起来，下意识地靠在了旧式木椅上，半袋烟的工夫没吭声。社队干部不敢吱声，直往墙旮旯躲。周恩来首先打破了僵局，和缓地说："二廷，你说话要负责任，我还能饿肚子？你要讲出道理来没有什么，要讲不出道理来，我要怪罪你的。"张二廷也觉得自己说得严重了，但是话已说出口了，就要敢说敢当。他继续说道："我既然说了这话，就要讲出个道道来，讲出来是不是个理，你看着办。在北京坐着，国库里能长粮食？啥也不长，地里也收不上来，就是地里收个斗儿八升的，也轮不到你，我们就在地里生着吃了，你又不在地里守着，你们征购不到粮食。国库里的粮食两年吃不完，三年扫扫尾，到那时你还有啥吃呢？"听了张二廷这番话，周恩来慢慢地从靠背椅上坐了起来，紧锁的眉头也舒展开了，他高兴地说："二廷，我想也想不到这个理，我走过这么多机关，没有人能说住我，今天叫你说得我闭口无言。"

事后，周恩来在提起这件事时还说："这句话对我教育很大，我很受感动。当时在场的地委干部听了以后，说这个人是个落后分子。我跟他们解释：这样看不对，这个社员说的是真理，一个农民把我们看作他自己的人才会说这样的话，这是一针见血的话。"

座谈会结束后，周恩来专门到了张二廷家里走访，张二廷又向周恩来如实反映了伯延公社遭灾情况和公共食堂等方面存在的问题。周恩来一字不漏地听着，了解到了许多难得一见的一线实情。临别时，张二廷说希望总理以后还能经常来伯延走一走。周恩来当即表示，有机会一定来，如果自己来不了，也一定会派人来。周恩来没有食言，直到"文化大革命"前，他年年都派人到伯延调查，并且代表他看望这位敢说真话的农民朋友。

四顿午餐换了三个食堂吃

调研期间，周恩来十分细心地观察生活，不放过任何一个发现问题的机会。为了弄清群众对食堂的真实想法，他在武安县吃了四顿午餐，却换了三个食堂。

第一天的午餐，是地方干部安排的，地点就在公社食堂。当时是困难时期，国家领导人带头不吃肉、蛋、禽。当地干部知道这条规定，不敢破格，只给周恩来蒸了馒头、红薯，还煮了面条，炒了四个素菜。吃饭时，周恩来一边吃着红薯，一边风趣地说："红薯很好吃，可以进入国宴招待外宾。"饭后，周恩来仍感到这顿饭的水平不能反映整个食堂的水平，于是就告诉干部："明天去大队食堂吃。"

到了第二天中午，遵照嘱咐，周恩来被安排在万家过道的大队食堂吃。为了总理的安全，也为了让总理能安静地用餐，大队安排社员们提前打走了饭，然后才让周恩来去用餐。这顿饭吃得与第一顿饭没有多大差别，周恩来觉得这种提前打了招呼、做了准备的派饭还是不能反映大多数食堂的水平。

到了第三天中午，周恩来再次提出要换个食堂吃。干部们没有准备，就带着周总理到前进街食堂用餐。干部们一进食堂就问："还有饭吗？""有。"说话间，周恩来也进了食堂，他径直奔向灶台揭开锅盖，看到锅内只剩下一些玉米糊糊，就坐到了一条板凳上，等着吃饭。干部们无奈，只好给周总理盛了一碗玉米糊糊，递过一块咸菜，让周总理尽快吃完这顿饭了事。饭后，周恩来说："这才是群众的食堂呢。"

在接下来的调查中，为了掌握农村食堂的真实情况，周恩来不仅亲自到食堂吃饭，有时还搞"突然袭击"，趁大家不注意，悄悄从大家的视线中消失。有一次，大家发现总理不见了，连忙分头去找。一名工作人员凭着自己对总理的了解，在一家烟囱冒烟的人家找到了周恩来。原来，当时大家都在食堂吃饭，很少有人家烟囱冒烟的，周恩来于是前去察看情况。原来是一名老汉在公社食堂吃不饱，回到家里生火煮起了榆树叶子和粮食混合的稀糊糊充饥。见此情景，周恩来心里十分沉重。"这吃不饱的食堂要它干什么？"出门后，周恩来自言自语地大声说道。

经过深入细致的调查，周恩来发现绝大多数群众对食堂不满，于是他提议，要不要找一个食堂试一试，宣布自愿入食堂，不愿入的可把粮食领回去。最后，他们选择在当地胜利街第一小队宣布了这个试行决定，结果除了炊事员外，大伙全部都退出了食堂。

通过对伯延公社的实地调查，周恩来掌握了大量的第一手资料，他将调查中发现的四个较重大的问题，于5月7日凌晨三点半用电话如实向在上海的毛泽东主席作了汇报。周恩来提出：一、赞成解散公共食堂；二、社员不赞成供给制，只赞成把五保户包下来和照顾困难户的做法；三、群众要求恢复评工记分的办法，也就是要包产到生产队，以产定分，包活到组，只有这样才能提高群众的生产积极性；四、邯郸专区旱灾严重，春收较差，秋收有望，要注意恢复社员体力和畜力的问题。［这个电话记录后被整理为《关于食堂和评工记分等问题的调查》，收入了《周恩来选集（下卷）》］

毛泽东立即对周恩来的意见作了批示：此报发给各中央局，各省、市、区党委参考。

半个月后，中央在北京召开工作会议，讨论和修改了《农村人民公社工作条例（草案）》。修改后的条例，取消了供给制，对食堂则规定办或不办"完全由社员讨论决定"，等等。这些符合实际情况的决定，受到基层干部群众的热烈欢迎。伯延公社也成为全国第一个解散公共食堂的人民公社。

向周总理学调研"真经"

周恩来是我们党践行和推动调查研究的光辉典范。习近平总书记在纪念周恩来同志诞辰 120 周年座谈会上曾深情地说道："周恩来同志高度重视调查研究，经常深入群众、深入一线调查研究，他说：'调查研究要实事求是，不能乱搞。''要了解真实情况，就要与老百姓平等相待。'周恩来同志用自己的实际行动，为全党树立了全心全意为人民服务的光辉榜样。"

伯延调研只是周恩来众多基层调研中的一次，但总理的这"四个昼夜"却给我们留下了深刻的启示。在大兴调查研究的今天，我们要学习他正确的调研态度，真正心系群众，关心群众疾苦，以帮助解决老百姓的真问题为目标进行调查研究；要学习他求真的调研精神，敢于听取不同意见，敢于和不同意见的人讨论问题，真正做到听真话、察实情；要学习他科学的调研方法，抓住重点，解剖典型，善于进行比较、综合、分析，并及时总结汇报，推动问题得到实质性的解决。

参考文献

[1] 中共河北省委党史研究室 . 周恩来与河北 [M]. 北京：中共党史出版社，2008：1-362.

[2] 费虹寰 . 周恩来与调查研究 [N]. 学习时报，2018-02-28（1）.

关于食堂和评工记分等问题的调查

主席给李井泉和陈正人同志的信六日早上我就看到了。我到邯郸之后，听了三天汇报，就到武安县伯延公社，现在已经有五天了。五天中，我找了公社、大队、生产队的干部和社员群众谈了话，开了座谈会。现在有下面四个问题简要地向主席汇报一下。

（一）食堂问题。绝大多数甚至于全体社员，包括妇女和单身汉在内，都愿意回家做饭。我正在一个食堂搞试点，解决如何把食堂散好和如何安排好社员回家吃饭的问题。

（二）社员不赞成供给制，只赞成把五保户包下来和照顾困难户的办法。现在社员正在展开讨论。

（三）社员群众迫切要求恢复到高级社时评工记分的办法，但是已有发展。办法是：包产到小队，以产定分，包活到组。这样才能真正实现多劳多得的原则。因此，这个办法势在必行。只有这样，才能提高群众的生产积极性。

（四）邯郸专区旱灾严重，看来麦子产量很低，甚至有的颗粒不收，棉花和秋季作物还有希望。目前最主要的问题是恢复社员的体力和恢复畜力问题。

　　我明天还要看一个食堂，八日返回北京，帮助陈总解决出席日内瓦会议的一些问题。以后再给主席写报告。问题解决了之后，我还要返回邯郸。

　　我到邯郸之前，已经派许明同志带领一个工作组在这里工作了二十天。

——摘自《周恩来选集（下卷）》

1961

奔着问题去，虚心拜群众为师

——读邓小平、彭真的《北京郊区农村调查》

张勤繁

最好不举行调查，举行调查必有一定清楚的目的，使人们根据调查的结果来改善社会实际生活，解决社会问题，增进人类幸福。

——李景汉

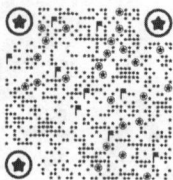

1961 年 4 月上旬至 5 月上旬，中央政治局常委、中央委员会总书记邓小平和中央书记处书记、中共北京市委第一书记彭真，根据毛泽东同志的指示和党中央关于认真进行调查工作的要求，率领 5 个调查组，分赴顺义县、怀柔县、密云县等地，围绕当时农村政策调整中亟须解决的系列问题开展调查研究。在深入了解各类情况基础上，邓小平、彭真于 5 月 10 日联名致信毛泽东，汇报了 7 个方面的问题。这封联名信被中共中央文献研究室以《北京郊区农村调查》为题，收录在《毛泽东 周恩来 刘少奇 朱德 邓小平 陈云论调查研究》等图书中，对于我们更好地把握调研真谛、学习调研方法等具有重要的指导意义。

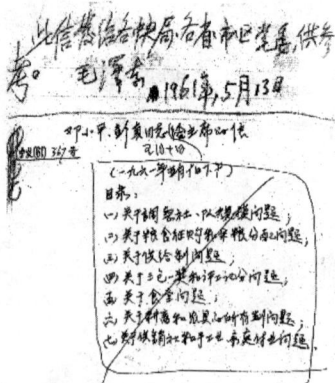

1961 年 5 月 10 日，邓小平和彭真联名致信毛泽东

174

着眼政策大调整的一场全党大调研

为了全面、坚决纠正开始于 1958 年的"大跃进"运动和农村人民公社化运动中的"左"倾错误，1960 年 11 月 3 日，党中央发出《中共中央关于农村人民公社当前政策问题的紧急指示信》，强调必须坚决反对、彻底纠正农村人民公社的"共产风"，必须把当前农村中迫切需要解决的一系列政策问题，向各级党组织讲清楚，把政策交给群众，发动群众监督党员干部认真地、不折不扣地贯彻执行。1960 年 11 月 15 日，中共中央又对省、市、区党委发出《关于彻底纠正"五风"问题的指示》，要求"必须在几个月内下决心彻底纠正十分错误的'共产风'、浮夸风、命令风、干部特殊风和对生产瞎指挥风，而以纠正'共产风'为重点"。1960 年 12 月 24 日至 1961 年 1 月 13 日，中共中央在北京召开工作会议，毛泽东等领导同志和中央有关部门负责人出席会议。会议讨论了 1961 年国民经济计划问题等，着重分析了当时农村形势，作出《关于农村整风整社和若干政策问题的讨论纪要》，会上提出要"严格检查自己的工作，认真进行调查研究，访问群众，甘当群众的小学生"。

1961 年 1 月 14 日至 18 日，党的八届九中全会召开，全会通过对国民经济实行"调整、巩固、充实、提高"的方针，国民经济转入调整的轨道。毛泽东在会上再次发出全党大兴调查研究之风的号召，希望 1961 年成为实事求是年。全会一结束，毛泽东

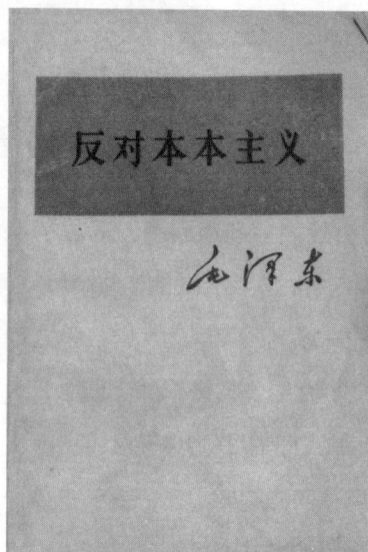

毛泽东《反对本本主义》

立即组织和指导三个调查组，分赴浙江、湖南、广东进行调查，在全党起到了表率作用。3月13日，毛泽东给在北京主持华北、东北、西北干部会议的刘少奇、周恩来、陈云、邓小平、彭真以及三北会议各同志写了一封信，强调各级干部都要重视调查研究，目前要注意了解生产队与生产队之间、人与人之间平均主义的问题，特别提出："希望小平、彭真两位同志在会后抽出一点时间（例如十天左右），去密云、顺义、怀柔等处同社员、小队级、大队级、公社级、县级分开（不要各级集合）调查研究一下，使自己心中有数，好做指导工作。"3月23日，党中央发出《关于认真进行调查工作问题给各中央局，各省、市、区党委的一封信》，并附上散失多年，不久前重新发现的毛泽东1930年所写《关于调查工作》（后改题为《反对本本主义》）一文，信中强调"一切从实际出发，不调查没有发言权，必须成为全党干部的思想和行动的首要准则"。

在毛主席和党中央的大力倡导和积极推动下，刘少奇、周恩来、

176

朱德、陈云等领导及各省、市、区的负责人纷纷深入基层开展调查研究，有力地推动了党内认识的统一，推动了调整工作的进行。邓小平和彭真进行的北京郊区农村调查，就是其中重要的组成部分。

奔着问题去，鼓励群众讲真话

在这次北京郊区农村调查中，邓小平和彭真既有联合行动，又有分工协作，除他们一起到怀柔县梭草大队开展调研，一起在顺义县听取市委调查组、县（区）委书记的调查汇报，一起深入密云县开展加快山区荒山绿化调查外，邓小平带了 2 个调查组，主要在顺义县开展调查工作，彭真带了 3 个调查组，主要在怀柔县开展调查工作。由北京市委组织的调查工作和各县（区）委书记、副书记领导的调查工作同步进行，情况同步分享，在北京郊区农村形成了全面的、多层次的"大调研"工作格局。

1961 年 4 月 8 日，邓小平与中央办公厅干部曹幼民、卓琳及北京市委宣传部副部长张大中等一行乘火车到达顺义，紧锣密鼓地铺开了调研工作。为了全面、准确了解农村政策调整中亟须解决的问题，如基本核算单位的确定、社员工分口粮的分配、三七开供给制的实行、公共食堂的去留以及农村手工业、家庭副业的开展等，邓小平分层级、分类别召开县委干部、公社和管理区干部、生产队干部、县商业局和手工业社领导干部等座谈会，深入城关公社拖拉机站、县城农贸市场、牛栏山公社拖拉机站、张庄扬水站、白庙村公共食堂等地方开展实地调研，并走访了许多农户，反复征询各级干部和人民群众的意见建议。看到一些干部受反右、"反右倾"运动影响，心存顾虑、不敢讲真话，普遍把"劳力外调多"作为粮食减产的首要原因时，邓小平便指出，1959年、1960年劳力外调比1958年少，为什么粮食反倒连续减产呢？看来减产的主要原因不是劳力问题，是政策的问题，是瞎指挥、"一平二调"搞得群众没劲头了，有了劲头地就会种好。邓小平带头讲真话，使干部和群众打消了顾虑，道出了实情，讲出了真话。

在这次调研中，彭真先后4次深入怀柔县，强调"现在调查，就是为了解放生产力，最根本的是解放劳动力。人的积极性是最根本的问题……没有社员的积极性，什么也干不了……为什么现在我们讲话群众有点不相信，问题就是没有很好调查研究，没有摸底就下决心，有些问题不是根据群众自愿。要下几年功夫，先把情况摸准，把政策搞对，把干部作风搞好"。围绕如何调动社员积极性这个问题，彭真相继召开北京市委常委会议、调查组和县（区）委书记座谈会、生产队干部座谈会，先后深入西三村以及一渡河和棱草两个大队实地调查，了解公共食堂、集体生产和社员生活情况。针对一些同志对调查的顾虑，他指出："第一是生产力问题，是我们决定一切政策的根本。能解放生产力就好，阻碍生产力就是错误的，不管打着什么旗帜。"

1961年5月4日，邓小平和彭真一起在顺义县听取了中央五个调查组和北京市委有关调查同志及各县（区）委书记的汇报，全面汇总情况、交流体会、研判问题、统一认识。

把调查过程当成解决问题的过程

无问题，不调研。调查研究坚持问题导向，就是要发现问题、分析问题，推动解决问题。邓小平、彭真领导的这次北京郊区农村调查，耗时一月有余，不仅较为全面地摸清了有关情况，而且坚持边调研边整改，推动了干部群众关心关切的一些问题的有效解决。

"伟人关怀牛栏山；甘泉养育芦卷人。"这是北京市顺义区牛栏山镇芦正卷村一间机井房门口挂着的一副对联。62 年前的芦正卷村，是顺义县出了名的穷村和落后村。因村里沙地多，全村吃水、用水仅靠一口井，粮食亩产只有 100 多斤。1961 年 4 月 19 日，邓小平专程来到贫困的芦正卷村调研。在这里，他遇到一位推着破木轮车运水的老农，桶里的水连沙带泥异常浑浊，这对邓小平触动很大。在随后召开的县委汇报会上，邓小平明确提出由县政府和公社拿出一部分钱帮助芦正卷村打两眼机井，修上水渠，不但可以解决吃水问题，还可以发展水浇地，开辟几十亩果园。他进一步指出，类似这样的穷村，要针对其特点，帮助他们自力更生，找门路，增加收入，改变面貌。事后，县委按照邓小平的意见，给该村架通了高压线，从密云水库派来专业人员，用半年多时间打出了两眼机井，迅速改变了村里的落后面貌。

当年，农村公共食堂被认为是走社会主义集体化道路的重要体现，处于"只能说好、不能说坏"的禁区，但随着调研的深入，邓小平和彭真都发现，群众对公共食堂很不满意。对此，邓小平明确指出吃食堂和社会主义是两码事。"吃食堂是社会主义，不吃食堂也是社会主义。"不愿吃食堂的要把口粮分到各户，由社员自己支配。有些事情可能在理论上讲得通，而在实践中行不通。这种情况要以实践为准。彭真在调查中也不断调整自己对农村公共食堂的认识，由开始提醒大家"不要一哄而散"转变为"不要怕散"，充分体现了实事求是的作风。1961年5月18日，北京市委根据中央精神和邓小平、彭真的指示要求，发出《关于食堂问题给农村党员的信》，要求各生产队将此信向所有社员逐字逐句地宣读，由社员自己解决食堂问题。此政策一经公布，北京农村食堂在自愿原则下全部散伙，群众皆大欢喜。

　　不只农村公共食堂问题得到妥善解决，邓小平和彭真的调研还推动了其他问题的解决。1961年5月10日，根据一个来月的调研情况，邓小平和彭真联名给毛泽东写了一封信，全面报告了调整社队规模问题、粮食征购和余粮分配问题、供给制问题、"三包一奖"和评工记分制度问题、食堂问题、耕畜和农具的所有制问题以及供销社和手工业、家庭副业问题，并提出了具体的工作意见，受到毛泽东的重视。5月13日，毛泽东将邓小平和彭真的调查报告批转各中央局，各省、市、区党委参考。5月15日至18日，调查组又以北京市委名义向党中央及华北局写了6个专题报告，并附基层单位典型材料 19 份，有力地促进了党中央对农村政策及其他政策的调整，取消和纠正了工作中一些明显的错误，推动国民经济开始全面好转。

邓小平、彭真在北京郊区农村的调研，虽然时间不长，但意义重大、影响深远，特别是他们奔着问题去、虚心拜群众为师、坚持实事求是的态度和做法，非常值得我们学习。调研中，无论涉及什么问题，邓小平都十分注意倾听基层干部和群众的意见。针对那些拿不准的问题，他多次强调，要由群众去讨论，办法决定于群众；把队干部们的智慧集中起来，总比我们在办公室里想得快、想得全面。彭真则强调："不能脑子里先有个框框，把调查研究变成找一些例子来证明自己的成见是对的，而是要选择具有普遍意义的典型，深入地、系统地、实事求是地调查研究，最后才产生结论，作出客观、全面、符合事物本质的结论。"

参考文献

[1] 谢荫明，郭晓燕．邓小平 1961 年北京顺义调查 [J]．党的文献，2004（05）：65-71.

[2] 刘慧娟．彭真与调查研究 [J]．百年潮，2022（10）：48-54.

原文摘录

根据我们直接领导的五个调查组（在顺义、怀柔）和北京市委的工作组，在北京近郊和各县一个多月调查的情况来看，贯彻执行十二条、六十条指示的结果，农民群众的生产积极性已有很大提高。但是，要进一步全面地调动农民的积极性，对于供给制，粮食征购和余粮分配，三包一奖、评工记分，食堂，所有制等问题的措施，还需要加以改进，有些政策要加以端正。现在，先就我们对几个问题的了解，向你作简要的报告：

一、关于调整社队规模问题

北京近郊和各县生产大队和生产队规模都已调整了，社也大部调整完毕了，多数是万把人一个社，大队一般是以村为单位，生产队一般是五十户左右，生产队下面一般建立作业组，实行责任制。社队规模的调整，使农民心里有了底，社员对于社队可以比过去"看得见、抓得住、管得了、信得过"了。效果很好，它大大提高了社员的生产积极性。

二、关于粮食征购和余粮分配问题

这是目前干部和群众最关心的问题。他们大体有两种意见：

1. 多数生产队（现在多半是以生产队为单位辩论的）赞成对包产部分的余粮购九留一，对超产部分购四留六。

今年各生产队包产指标极不平衡。因此，在秋后，对包产指标高的队超产粮的征购比例，可以低于百分之四十。

对于超产粮购四留六以后的分配，群众大体也有两种意见：

一般主张二八开，即大队和生产队各得百分之十；其余百分之八十大部分按劳动工分分配，小部分按卖给生产队的肥料分配，即作为卖肥的奖励。至于具体的分配比例，主张按一比一比七比一比例分配的较多（即以购四留六的六成作为一百，大队得百分之十，生产队得百分之十，按工分分配百分之七十，按出售肥料多少分配百分之十）；也有主张按一比一比六比二分配的，也有主张按二比二比五比一分配的。还有的生产队，主张把购九留一的一成作为大队的储备，而把超产征购后的余粮按一比八比一分配（即生产队百分之十，劳动工分百分之八十，肥料百分之十）。

2. 有少数生产队愿意包死。他们所包的征购指标比较高，已经包括了一部分超产粮在内，同时，又是只包一年，而不是一包几年不变。因为群众既这样要求，又能够鼓舞他们的积极性，在北京一小部分社、队也在采用。

因为连续两年歉收，目前社员爱粮如珠，对国家征购后的余粮，大队、生产队不宜留得多了，应该把绝大部分按劳动工分、按出售肥料分给社员，鼓励他们像经营自留地一样，在集体经营的土地上精耕细作、积极施肥。

三、关于供给制问题

现在实行的三七开供给制办法，带有平均主义性质，害处很多。它不仅使劳动力多、劳动好的人吃亏，也不能适当解决五保户和困难户的问题。许多典型材料证明，这种供给制，不但不一定对贫雇农和下中农有利，甚至是对地富和上中农更有利。因为贫雇农和下中农一般结婚比较迟，子女少，劳动比较好，在他们中间占这种供给制便宜的人，比例较小；而地主、富农一般抚养人口比较多，劳动比较差，又有使子女上学的习惯，在他们中间占便宜的人比例较大。因此，在这次辩论中，干部和群众普遍主张取消这种供给制，而主张只对五保户生活和困难户补助部分实行供给。五保户和困难户按照这种新的供给办法，可以比老的供给办法，多得一些补助，有的多得一倍左右，也有多得两倍的。现在有很多生产队已经过群众讨论决定这样做了。看来废除三七开的供给制，只对五保户生活和困难户补助部分实行供给，不仅可以更好地解决五保户和困难户的问题，而且可以大大提高劳动分值，更好地贯彻执行按劳分配的原则，更好地调动社员的生产积极性。

四、关于三包一奖和评工记分问题

根据一些典型调查的材料，凡是几年来年年增产的单位多是大体上坚持执行了三包一奖评工记分制度的，有些单位并且建立了比较系统的定额管理制度。他们有的在一九五八年末乱过一阵，但在第二次郑州会议后很快就恢复、坚持起来，有的并且逐步改进健全了这种制度。

一些实行"死分死记"或"死级活评"的单位，因为没有执行按劳分配的原则，一般都减了产。前者，一个劳动日的效率，一般比后者即实行"死分死记"和"死级活评"的约高一倍。

现在，有很多生产队，由于调整了社队规模，废除了老的供给制，实行了新的供给制（即只供给五保户和困难户），再加上执行和改进了三包一奖、评工记分的办法，又讨论了前述的余粮分配办法，劳动积极性和劳动效率显著提高，因而发现现在有不少社队劳动力不是少，而是有了剩余，已经不是队长去催工，而是社员找队长、组长催活、要工了。

五、关于食堂问题

食堂问题比较复杂，除居住分散的队不办、长年食堂一般主张不办外，对农忙食堂（半年多），群众意见很不一致。北京市在各县、区都进行了试点，向群众宣布三条：（1）吃食堂、不吃食堂都完全根据自愿；（2）吃食堂、不吃食堂都好、都光荣；（3）吃食堂、不吃食堂的，都给予便利。结果大体是：近郊菜区入食堂的多些，远郊区各县入食堂的少些；一类队，工分值钱多，食堂办得好的，愿意吃食堂的人多些；三类队，收入少，甚至一、二类队食堂办得糟的，入伙的很少，有的全部散了。在同一个大队中，有的生产队全退了伙，有的生产队吃食堂的却仍有百分之二三十、五六十，甚至有更多的。

——摘自邓小平、彭真《北京郊区农村调查》

1961

在融入群众中见微知著

——读刘少奇的《湖南长沙、宁乡调查》

张婷婷

（调查研究）具体方法的掌握离不开方法论的
指导，归纳起来说就是三句话：坚持马列主义理论
的指导，实事求是，理论联系实际。

——费孝通

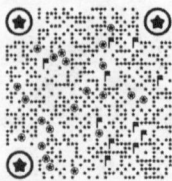

1961 年 4 月的一天，在长沙到宁乡的公路上驶来了一辆吉普车。车上坐着一位特殊的乘客，他就是当时的国家主席刘少奇。

　　自 1925 年离乡之后，刘少奇已有 30 多年没有回过家乡，家乡的亲人对他甚是牵挂。但他这次回来，不是为了探亲，一个重要的目的是到农村进行调查研究。

　　调查前，他要求调查组采取过去老苏区的办法，直接到老乡家睡门板、铺禾草，既不扰民，又可以深入群众，人要少，轻装简从，想住就住，想走就走，以普通劳动者的身份出现。在湖南调查的 44 天中，刘少奇有 33 天住在简陋的农舍，开了 20 多个座谈会，深入 11 个生产队，与基层干部群众面对面商讨各种问题，了解到大量基层情况，为此后调整农村政策奠定了基础。

实地蹲点，关心百姓的冷暖疾苦

　　1961 年 4 月 2 日，刘少奇故乡行的第一站，是距他家乡炭子冲十多里的宁乡东湖塘公社王家湾生产队。

湖南省宁乡市花明楼镇炭子冲村刘少奇故居

　　这本是草长莺飞、花红柳绿的季节，可家乡到处是荒山秃岭，庄稼稀疏，萧条之景犹如经历过一场战争。看到这样的情景，他的心里并不轻松。车行驶到王家湾的时候，"万头猪场"的牌子赫然入目。刘少奇走进去后发现，整个猪场只有几头骨瘦如柴的母猪。那万头猪场的猪去哪了呢？

　　为了弄清楚这里的情况，刘少奇临时起意，执意要在这破旧不堪的养猪场饲料房着手调研。随行人员简单收拾了饲料房，并在里面架铺，此时刘少奇发现这个儿时号称"鱼米之乡"的地方竟然找不到铺床用的稻草。

　　当他来到屋后山坡上时，一堆已经干了的人粪引起了他的注意，奇怪的是，粪便一点臭味都没有。细细查看后，刘少奇忍不住摇头叹息，众人不解，只听他一语道破真相："你们看看，这里面全是一些人体不能消化的粗纤维，这就说明，乡亲们吃的都是野菜和草根这些东西，吃饭早就已经成了问题，而且问题还不小呢！"

通过王家湾大队反映出的情况，刘少奇对湖南农村的情况有了初步的了解，对社员群众生活上的困苦状况，以及造成饥饿的真正原因有了更直接的感受。

4月10日，他与中共湖南省委负责人交换意见时，对接下来的调研工作安排有了初步计划。第二站选在长沙县广福公社天华大队，这是湖南省、长沙县两级树立的一面红旗。在天华大队蹲点调查时，他住在阴冷潮湿的大队部土砖房中，睡的是用两张长条凳架着两块门板拼接起来的床，一住就是18天。

当时，全国上下"五风"泛滥。调查开始时，干部在群众中统一口径，向调查组封锁情况，群众不敢讲真话。刘少奇便采取让2个调查组工作人员下田劳动，换1个社员来开会的办法，从田里叫来8个社员开座谈会。他诚恳地说："今天请你们讲讲心里话，中央也想听听大家的心里话，公共食堂办不办，粮食要怎么分配，你们生活的各种问题，都请大家讲讲真心话！"随后，他摘下帽子，向大家深深地鞠了一躬。

眼见这位国家领导人如此诚恳，与会者的心里话滚滚而出。

在调查研究中，刘少奇发现公共食堂的问题、房屋问题，是当时农村存在的共性问题。以天华大队为例，大队共有15个公共食堂，社员集中食宿，但人均口粮仅300多斤，社员生活极度困难，严重影响生产积极性。农民的真话，农村的实情，令刘少奇十分痛心，更坚定了他进行政策调整的决心。之后，天华大队在全国率先解散了公共食堂。房屋问题也是天华大队急需解决的问题。当年4月27日，中央调查组就天华大队房屋情况和处理意见写了一份报告，提出了初步处理方案。刘少奇致信时任湖南省委第一书记张平化，提出该方案可以作为各地处理农村房屋问题的参考。接到刘少奇指示的当天，湖南省委将此信和中央调查组的报告转发全省。

　　5月3日，第三站，刘少奇回到阔别36年的家乡炭子冲。他在家里召开了10多次座谈会。他找到少年时的朋友、农民通讯员黄端生叙旧聊天，把全村患水肿病的人数、姓名、患病原因摸得一清二楚。儿时伙伴李桂生告诉他："去年（1960年）粮食减产，天灾有一点，但只有三分，安湖塘里还有半塘水可以作证；七分是人祸，都是'五风'刮的人祸！""天灾"与"人祸"的说法由此而来。这件事在刘少奇的脑海中留下了抹不去的印痕。1961年5月31日，刘少奇在中央工作会议上，根据他在湖南农村调查所掌握的真实情况，第一次明确地用"三分天灾，七分人祸"的概括对造成农村经济困难的原因作了深刻的分析。

　　经过湖南农村这场调查，刘少奇不仅推动解决了当地农村的一些具体问题，而且对社员群众的要求和愿望有了切实的了解。为此，他在天华大队提出了社员群众兴家立业的"十个一"目标：

"一栋好房屋，一套好用具，一栏好猪，一群好家畜，一园好蔬菜，一塘好鱼，一块好山，一天三餐好饭菜，一人有几套好衣服，房前屋后有一片好风景。"这为当时的农村经济恢复和发展规划了美好的前景。

心系群众，实事求是解决问题

经过这次调查研究，刘少奇切实了解了农村公共食堂、供给制、粮食购留、住房等一系列问题的真实情况和农民群众的真实愿望，接下来，该怎样作出准确的判断？怎样向群众表态？怎样作出符合实际的处理决策呢？刘少奇的做法，令人钦佩，值得我们学习。

第一，心系群众，深入群众，真心实意地尊重群众。置身于群众之中，访民情、听民意，才能真正与群众打成一片。刘少奇对人民群众总是满腔热情，在调研中他与群众同吃同住，亲口品尝农民充饥食用的野菜、糠粑粑，亲身感受农民生活的艰难困苦。他还善于从诸多细节中感知群众生活的真实情况，发现他们的油盐罐子里只有盐没有油，锅里烧的是野菜，等等。在天华调研期间，刘少奇之所以能够在特殊的政治环境中冲破重重阻碍，赢得群众的信任，让群众敢于讲真话、道实情，一个重要的原因就是他虽然身为国家主席，但面对人民群众时，他始终保持"学生"身份，在座谈会中更是以"恳请"的姿态出现。他把人民放在最高位置，始终坚持在情感上、行动上尊重人民。

第二，敢于担当，勇于开展批评和自我批评。刘少奇认为，坚持真理，修正错误，是推动我们事业前进的必不可少的条件。坚持真理的前提是勇于承担错误，而批评与自我批评则是坚持真理、修正错误的根本方法。做到这点，既需要胸怀，又需要勇气。刘少奇在调研中发现"一平二调""浮夸风"等给农民带来的灾难后，诚恳地对群众说："我是来向你们请教、向你们学习的。请你们帮助我们，哪些政策不对，要纠正，然后，我们帮助你们，纠正过往的失误。"他还多次进行自我批评，指出这几年有很多事情没有办好，缺点很多。"这些缺点，中央要负责，省委也要负责，县委也要负责，公社、大队也要负责。"他查找"五风"泛滥的原因，帮助省委、县委纠正错误，及时调整粮食、分配、住房等政策，很快稳定了人心，从而提高了工作效率。"心底无私天地宽"，在这方面，刘少奇的自我批评无疑为我们作出了榜样。

第三，始终坚持问题导向，解决问题。调查研究的根本目的，不是为了完成所谓的"材料"，而是要对发现的问题，进行分析研究，提出合理的意见建议和科学的解决办法，并真正加以解决。在办不办农村公共食堂问题上，刘少奇指出，愿意办的可以自愿组织，不愿意办的也可以自愿解散。他通过摆事实、讲道理，消除了群众的思想顾虑，从而使天华大队率先在全国解散了公共食堂，把饭碗还给了社员群众。在调查期间，发现明显的、具体的错误，刘少奇就果断地予以纠正，比如为因被错误打成"右倾机会主义分子"而撤职的天华大队原党总支书记段树成平反，为因"破坏耕牛案"而蒙冤多年的农民冯国全和他已经去世的父亲恢复了名誉。他在调查中不回避矛盾，直面问题，既体现出解决问题时敢于担当的魄力，又展现出民主决策的胸怀，从而使人民群众看到了党和国家解决问题的勇气和办法，增强了克服困难的信心和力量。

第四，总结经验和做法，提升认知。实践出真知，调查出真相。刘少奇的这场调查，围绕群众的生产和生活两大主题，涉及公共食堂、调用社员东西、粮食产量与购留、基层干部民主作风、农民告状等问题，准确地掌握了当时农村的真实情况，为党和国家作出重大决策，解决农村政策中有关农民生产、生活的问题提供了直接依据。可以说，这是对"大跃进"和人民公社化运动以来的农村情况作了一次相当全面而又具体细致的摸底。

参考文献

[1] 王莹. 刘少奇1961年湖南农村调查的当代启示 [J]. 中共山西省直机关党校学报，2015（03）：106-108.

[2] 李颖，王刚. 刘少奇与调查研究 [N]. 学习时报，2018-03-02（1）.

原文摘录

二 关于社员住房问题

在食堂拆伙以后，群众立即提出的一个尖锐的问题，就是社员住房问题，因为社员现在住得太挤，无法养猪、养鸡、积肥，甚至难得做饭。为了解决社员住房问题，我们工作组在天华大队作了调查，并提出了书面的处理意见。这个文件虽然还没有经过社员大会和社员代表大会讨论通过，但可作处理这个问题的参考。湖南省委已将这个文件转发各地，并决定在省、地、县、公社、大队各级都建立房屋处理小组。现将这个文件送上，请审阅。

我们到宁乡以后，发现有些社员为了自己住回原屋，把现住在他那个屋子的社员赶走，有些社员的房屋被拆毁，就被赶得走投无路。据省委同志说，湖南房屋被拆毁百分之四十，此外，还被国家机关、企业和公社、大队占用一部分。有些被占用的房屋已经退还，少数干部领头，其他社员也无计划地抢着搬进这些退还的房屋。我在乡下看到几处这种乱搬家的现象，因此，建议宁乡县委立即发出一个文件，在电话上通知各公社和大队，以便停止这种现象。现将宁乡县委这个文件送上，请一并审阅。

三　关于退赔问题

食堂拆散以后,群众迫切要求供应炊具和其他生活用具。这些东西由于过去多次搬家,绝大多数已被破坏或被平调,需要多的一户有数十件,少的一户也要七八上十件,如锅子、锅铲、菜刀、柴刀、火钳、水桶、提桶、锅盖、炉锅、开水壶、水瓢、碗筷、刷把、桌凳、坛坛罐罐等。对于平调和破坏社员的这些东西,基本上还没有退赔,有些县和公社说已退赔了百分之几十的数字,据我在天华和宁乡所了解的情况,是完全不可靠的。在宁乡还发现,要社员登记平调物资时,要社员提出证明,无证明者不予登记。这样,许多社员也就不去登记了。但是,这些东西在社员分开做饭以后,几乎件件都是需要的,必须坚决退赔。现在省委和县委都在制造和下放这些东西。目前的退赔款,应该主要用来定制这些东西,或购买猪鸡种子退给社员而不要把钱发给社员花掉。为了使下放的这些东西迅速分配给最需要的社员,必须随着实物的下放,向群众公布账目,经过群众讨论来进行分配,避免有人从中贪污多占。这也在宁乡县委五月十日的文件上说到了。

四　关于巩固国家、集体和社员个人的所有制问题

现在乡村中乱拿别人的东西和小偷小摸现象相当多,引起群众的不安,妨碍生产。我曾问过社员,为什么不把山上

荒土种上红薯、芋头、豆子等等，社员回答说，自己种了，横直自己得不到，所以懒得种。形成这种乱拿别人东西的风气，一是由于现在吃的东西太少，二是由于过去几年刮了"共产风"，首先是动摇了社员个人的那一部分所有制，也动摇了国家和集体的所有制。有的社员向工作组说，他们可以平调，乱拿别人的东西，为什么我不可以拿别人一点东西呢？你也拿，我也拿，就拿乱了。因此，过去平调的东西，必须坚决退赔，就是由于搬家、大兵团作战而破坏的东西，也必须坚决退赔。一年退赔不完，两年、三年、五年也必须退赔完。过去我们想在一次或几个月内退赔完毕，是办不到的，要制造被破坏的这许多东西，特别要建造被拆毁的那许多房屋，没有三五年的时间，是不能做到的。

国家和集体拿了社员个人的东西坚决退赔，我认为社员拿了别人的东西，也应要求社员退赔，一次还不清，几次还，一年还不清，几年还，但是不可不还。只有这样，才能巩固国家、集体和社员个人的各个方面的所有制，安定社会主义的社会秩序，以利生产的发展。

——摘自刘少奇《湖南长沙、宁乡调查》

1961

"用百分之九十以上的时间研究情况"

——读陈云的《青浦农村调查》

胡雅南

　　我们做工作，要用百分之九十以上的时间研究情况，用不到百分之十的时间决定政策。所有正确的政策，都是根据对实际情况的科学分析而来的。

——陈　云

1961 年 6 月 27 日清晨，江苏青浦小蒸公社的两位党委副书记摇着木船前往石湖荡火车站。他们的内心非常激动，因为他们要去接一位特殊的"老乡"——时任中共中央副主席、国务院副总理的陈云。两位党委副书记接到陈云后，一个摇橹、一个撑船，在行船的一个半小时中，向陈云汇报了小蒸公社的基本情况，反映了口粮不足等人民群众的急难愁盼问题。

深孚众望的陈云自然有备而来。这次调研他特意选择自己的家乡青浦，也是他早年间参加领导农民运动的地方，对情况很是熟悉。随同调研的人员有经济学家薛暮桥、陈云的秘书周太和、国务院基建局长陆铨生和中国农业科学院江苏分院院长顾复生等，其中陆铨生和顾复生也都是青浦人。从 1961 年 6 月 27 日至 7 月 11 日，陈云深入江苏青浦小蒸公社开展蹲点调研，从解决农业经济发展困难问题的实际出发，形成了调研成果《青浦农村调查》。

深入基层听真话

陈云不仅是土生土长的江苏青浦（今属上海）人，加入共产党后也长期在上海、江苏等地活动，领导和参加工农运动，与当地的工农阶级建立了深厚的情感。据陈云的夫人于若木同志所言，新中国成立之后，陈云还与当年跟他一起闹革命的青浦老农联系密切，时常向他们询问一些基层的真实情况，并于 1955 年 1 月、5 月，1957 年 3 月数次来到青浦调研，无疑为 1961 年的这次调研打下了坚实的基础。

陈云在到达青浦小蒸公社的第一天，就住到调查组成员、本地人陆铨生的家中。陆铨生的儿子陆恺悌回忆："他也不能住到

陈云纪念馆

公社招待所里去，到了公社招待所里去成了官方了……农民去了也不敢说话。"

尽管如此，面对已经是党和国家领导人的陈云，农民群众还是有顾虑，因此陈云与公社干部群众推心置腹，告诉他们讲错没关系，但是一定要讲真话。为了打消群众的顾虑，陈云每天上午开座谈会，下午就到田间地头、养猪场和农民家里实地考察。当时从小蒸公社到各个自然村路况不好，来回需步行六七里路，有的村隔着河，要坐船才能到达。陈云不辞辛劳，坚持和当地干群同吃同住，和他们谈心交朋友，丝毫没有官架子。陈云求真务实的态度赢得了群众的充分信任，大家也愿意打开话匣子，敢于反映情况、说出真实想法。

在调查过程中，陈云听取了公社党委 2 次汇报，召开了 10 次专题座谈会，参加座谈会的人员基本都是从事农业生产的农民群众，大家在座谈会上畅所欲言。陈云从中了解到，从 1958 年公社化后，原本养猪最多的青浦养的猪却一年比一年少；农民们对"单季稻改为双季稻"的做法特别有意见，因为"种出来后季稻也不饱满……但不种不行，上面有指标……双季稻是'伤心稻'"；农民还提出自留地太少，土地质量也不好，为了不饿肚子就形成了"小偷小摸"的风气，同时有群众反映部分基层干部作风不好，开展工作不顾实际，瞎吹高指标，参加劳动少，生活特殊化。

陈云在广泛听取群众的意见后惭愧地表示：国家遇到了困

难，让群众受苦了，他是中央副主席，有责任，应该检讨和道歉。经过蹲点调研，他在《青浦农村调查》中对这些意见进行了深入分析，并一一做出回应。

见微知著剖细节

陈云曾说："我们做工作，要用百分之九十以上的时间研究情况，用不到百分之十的时间决定政策。"陈云在青浦调研前后，花费了大量时间了解农村基层生产生活的方方面面，从具体实践出发、从小处细节着手、以"关心和改善群众的生活"为根本目的，寻找解决问题的突破点，撰写文本、制定对策。

在《青浦农村调查》中，陈云作了"母猪也应该下放给农民私养""种双季稻不如种蚕豆和单季稻"和"按中央规定留足自留地"三个方面的调查研究，都是当时公社成员在劳动生产中最为关切、同人民群众物质生活息息相关的问题。

在分析比较公养猪和私养猪的利弊时，陈云不单纯关注母猪数量、母猪的身体状况、苗猪数量和苗猪存活率这些简单指标，还细致地比较了公养猪和私养猪在所需饲料、积肥数量、所需劳动力等方面的投入回报情况，认为私养猪可以"利用辅助劳动力和工余时间去捞水草、割青草，把鲜嫩的给猪吃，老的垫圈"，可以给猪用更多青草垫圈，能积肥更多，还能节省稻草，同时"有辅助劳动力的农户，养肉猪不需要误工"，并得出清晰明了的结论，

"由于以上原因，私养猪能赚钱，公养猪要亏本"。与此同时，陈云还注意到了母猪养殖情况的地区差异，他在这篇调查报告的最后一部分特意指出，"有些地区养猪有一定基础，把大部分母猪下放给社员私养是毫无问题的。但是，上海市近郊的蔬菜产区，大概有十个公社，农民过去缺乏养猪的经验，他们不会养母猪。目前还不可能把大部分母猪下放给社员私养。在这些地区，机关或公社办养猪场，养比较多的母猪和肉猪，可能是必要的，可以继续试办"。

在《种双季稻不如种蚕豆和单季稻》中，陈云也用解剖"麻雀"的方法，对"为什么要种单季稻"和"为什么多种蚕豆"进行了分析，除了吸取农民群众的实践经验和建议，还运用农业科学知识进行佐证，"种小麦比种蚕豆消耗土地的肥力多，原因是豆科植物有根瘤菌，可以固氮。豆田种水稻施同样多的肥料，要比麦田种水稻每亩多收约五十斤。如果把种豆少用的十担猪肥施在水稻上，再增收二十斤，两项合计每亩可以多收稻谷约七十斤"，得出"多种蚕豆"的结论，可见其调研事无巨细、考虑全面、功力深厚。

反复验证求实效

1961 年 3 月 23 日，中共中央发布《关于认真进行调查工作问题给各中央局，各省、市、区党委的一封信》，特别强调："在调查的时候，不要怕听言之有物的不同意见，更不要怕实际检验推翻了已经作出的判断和决定。"为了对实际情况得出客观准确的判断，陈云充分了解情况后并不急于下结论，而是通过"交换、比较、反复"的方法进行充分验证核实，制定应对政策。

他在青浦实地考察后，"又到杭州、苏州，找了与青浦情况相仿的嘉兴专区几个县（如嘉兴、嘉善）、苏州专区几个县（如吴县、吴江、昆江）的县委书记和若干个大队支部书记，研究了种双季稻和种小麦的问题，也顺便问了养猪和自留地的情况。另外，又找了与青浦土地、人口、气候条件不同的萧山和无锡两县县委的同志，调查了种植情况，做了比较，研究了农作物种植安排上的有关问题。最后，就养猪、农作物种植安排、自留地等三个问题，同上海市委、浙江省委、江苏省委交换了意见"。通过空间上的比较调查、与调研对象交换意见以及学习了解必要的科学技术，陈云对调研结论不断进行修正和完善，直到结论能够经得起检验后，才着手撰写报告文本，充分体现了他谨慎稳重、唯真唯实的调研风格。

1962 年，毛泽东称赞陈云："特别是他，懂得较多。""他的方法就是调查研究，不调查清楚他就不讲话。"作为"共和国掌柜"，陈云长期主持党和国家的经济工作，为恢复中国的经济建设作出了巨大的贡献，这与他坚持"不唯上、不唯书、只唯实，交换、比较、反复"的方法进行调查研究是分不开的。

陈云同志是善于调查研究的楷模，依靠调查研究作出决策是他鲜明的工作作风。习近平总书记在纪念陈云同志诞辰 110 周年座谈会上，深情地回忆了陈云的革命生涯和崇高风范，指出："依靠调查研究作决策，是陈云同志坚持实事求是的思想方法和工作方法。每逢重大决策之前，陈云同志总要做大量调查研究，听取多方面意见。"在青浦调研中，陈云正是做到了"先调研后决策，不调研清楚不决策"，才能全面真实地了解农村基层的实际情况和问题所在，为及时科学地调整农村政策、改善人民群众生活水平提供了重要的参考意见。

其调研方法在今天仍给我们诸多启示。一是要蹲下去才能看清蚂蚁。调查研究最忌高调、装样子的"钦差式调研"，只有蹲下去，真正深入基层，才能找到解决问题的办法。二是问题的切口不妨小一些。作为国家领导人，陈云到基层调研肯定是要解决大问题的，但所有大问题的背后都是小问题的堆积。正因如此，陈云在家乡青浦的调研，没有搞一个宏大、全面的选题，而是抓住了猪公养还是私养、种双季稻还是单季稻这些具体的小问题作了深刻的调查分析。三是把关注民生、为民谋利作为调查研究的永恒主题。陈云求真务实的作风和调查研究的方法，来源于他对马克思主义唯物论的自觉把握和运用，来源于他一心为民的精神。向陈云同志学习调查研究，最根本的就是要学习他心系群众、一心为民的精神，真正做到以百姓之心为心，努力解民忧、办实事。

参考文献

[1] 李秀元 . 浅析陈云《青浦农村调查》应用的调查研究方法及其思维特征 [J]. 传承，2015（06）：21-23.

[2] 陈松松 . 试析陈云的调查研究思想及其现实启示：以 1961 年青浦小蒸公社调查为例 [J]. 中共太原市委党校学报，2012（06）：34-36.

[3] 房中 .1961 年陈云青浦农村调查真相 [J]. 湘潮（上半月），2013（05）：22-25.

《母猪也应该下放给农民私养——青浦县小蒸人民公社调查报告之一》：

目前在养猪问题上，公私并举、私养为主的方针已经确定了，但对母猪公养或私养，还没有明确规定。这个问题需要迅速解决。根据我们看到的和听到的情况来说，目前大多数农村人民公社已经把肉猪下放给社员私养了，但大部分母猪仍然由公社、生产大队或生产队公养。母猪是否应该下放给社员私养，许多公社仍然犹豫不决，等待观望。我们在小蒸人民公社亲自观察了全公社十五个养猪场中的十个，并召开了两次养猪问题座谈会以后，清楚地感到私养母猪养得好，产苗猪多，苗猪的成活率高。相反，公养母猪空怀多，流产多，苗猪死亡多。我们在嘉兴专区、苏州专区同若干个公社的干部谈话中，也得到了同样的印象。事实告诉我们，要迅速恢复和发展养猪事业，必须多产苗猪；而要多产苗猪，就必须把母猪下放给社员私养。这是今后养猪事业能否迅速恢复和发展的一个关键。

……………

《种双季稻不如种蚕豆和单季稻——青浦县小蒸人民公社调查报告之二》：

历史上长期形成的耕作习惯，不宜轻易变更。小蒸地区过去不种双季稻，小麦也种得很少。解放前一个农户如果种十亩田，在冬季大约种七亩红花草、两亩蚕豆、半亩小麦、半亩油菜。去年双季稻增加到占总面积的百分之十四，小麦增加到占总面积的百分之二十四，蚕豆和红花草都种得比较少。这样的安排，违反了当地的具体条件，使农业生产和农民收入受到损失，群众很不满意。今年双季稻虽然缩小到占总面积的百分之七点五，农民仍然嫌种得多了。

从上海市郊区和嘉兴、苏州两个专区的情况来看，这里无霜期还不够长，一般说来不适宜于多种双季稻。在这样的地区，如果双季稻种植面积大，劳动力和肥料比较紧张，就会得不偿失。嘉兴专区每一农业人口平均有耕地二点八亩，去年种的双季稻达到水稻总面积的百分之六十，由于"双抢"时劳动力不足，误了季节，两季的产量每亩只有四百五十斤，比单季稻还低四十八斤。所以，不研究客观条件，主观地把"单改双"作为增产粮食的主要措施，是不切合实际的。

．．．．．．．．．．．

《按中央规定留足自留地——青浦县小蒸人民公社调查报告之三》：

　　社队干部一方面认为很有必要再多分一点自留地，另一方面对多分自留地仍有各种顾虑，主要是担心因集体耕地减少而完不成粮食征购任务，社员可能只关心自留地而不积极参加集体劳动。经过讨论，大家认为这些顾虑是不必要的。为什么呢？农民种自留地，可以种得很好，单位面积产量比生产队高。增加一点自留地，可以使农民的口粮得到一些补充，生活有所改善。再加上包产落实、超产奖励、多劳多得等一系列的措施，农民对集体生产的积极性就容易提高。农民的积极性提高了，种这样一点自留地决不会妨碍集体生产，相反地会促进集体生产的发展。生产发展了，国家规定的征购任务也就更容易完成。

　　…………

——摘自陈云《青浦农村调查》

1962

把调查研究变成一种习惯
——读朱德的《江西山区农村调查》

陈家琦

对于通过调查而了解到的情况，必须加以研究，去其糟粕，取其精华。研究很重要，只有通过研究，才能透过现象看到本质。

——毛泽东

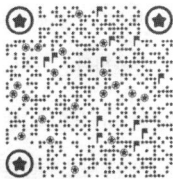

作为党的第一代领导集体的重要成员，朱德在调查研究方面是一位楷模。2016 年 11 月，习近平总书记在纪念朱德同志诞辰 130 周年座谈会上深情讲道，他经常深入实际和基层调查研究。从 1951 年至 1966 年，他向党中央提交了 108 份反映各行各业实际情况的调研报告，有 98 份报告是他亲自主持搞的，其中包含很多符合实际情况的真知灼见。

新中国成立后，尽管年事已高，但朱德不辞劳苦，每年都用两到三个月或更多的时间到全国各地视察。仅 1956 年至 1965 年间，他在外视察调研达 27 次，到过 28 个省份，平均每年花在实地考察调研上的时间有两三个月。《江西山区农村调查》就来源他于 1962 年 3 月 3 日至 3 月 14 日在江西山区农村所做的调查研究。

"千万不要低估了山区的价值"

1962 年 3 月初，已是 76 岁高龄的朱德，来到江西。此行他除了重上魂牵梦绕的井冈山，再访昔日战斗过的地方，更重要的一项任务是就农村工作开展调查研究。江西山区较多，"六山一水二分田，一分道路和庄园"。朱德历来注重山区经济建设，认为全面开发山区对于促进社会主义建设具有十分重要的意义，此次调研他把重点放在了山区，先后到了云山、井冈山、大茅山和武夷山考察。对于山区的重视，离不开朱德长期的山区生活和战斗的经历，以及在多地实地调查了解的体察。他曾说："我是在四川巴山下长大的，亲身体会到山区有山区的好处。我们打游击十几二十年都在山区。千万不要低估了山区的价值。"此前，江西已经做出了"全面开发山区经济，建设繁荣幸福的社会主义新山区"战略决策，决定在庐山、井冈山等二十多个大山区建立农、

江西省井冈山市茨坪大井朱德和陈毅同志旧居

林、牧、渔综合垦殖场。经过几年的努力,江西国营综合垦殖场迅速崛起,为全国所瞩目。"江西抓了山头,全省出现了几百个'南泥湾',这是一条很好的经验。"朱德在调查报告开篇就肯定了江西落实山区经济开发的成果,并用垦殖场、人员的数据简要介绍了普遍情况和做法。整个调查涉及的范围非常广泛,包括垦殖场的所有制问题、食油统购的办法、发动群众种棉花、恢复健全供销社、用布匹和工业品向农民换购物品、城镇手工业的困难、药材问题、景德镇瓷器出口以及农村票子过多的问题,并提出了九点建议,从生产关系的角度分析如何以现有的生产力与之相适应。

一项一项具体的矛盾问题都是朱德亲自查阅资料、聆听干部群众汇报并亲临现场考察发现的。朱德认为,无论工业、农业,都要想方设法发展生产,这是最重要的。只有生产的东西多了,一切矛盾才能解决。在调研中,针对每个问题,朱德都提出了相应的解决方案。他认为垦殖场还是作为大集体所有制来经营比较好些,因为这是"他们凭自己的双手搞起来的","不要急于抽调他们的利润",因为这样更适合于当前的生产水平和经营方式;对于农村的食油"必须是只购不销",因为"如果政策对头,还可以或多或少地调出一些油来";应该允许群众以棉花向供销社换布,因为群众对于用棉花换布是满意的;供销社一经恢复,就显示了它的优越性,因为群众对供销社十分关心;"农民愿意国家拿出布匹、胶鞋、球鞋、自行车、手表等工业品向他们交换";

"药比柴贱，谁人还愿意去采药呢？"农民群众的生活和切身利益，是朱德调查研究的出发点和落脚点，他曾强调，只顾国家、集体，不顾个人，就不可能有国家、集体的发展。只有把三者的利益正确地结合起来，群众才有生产积极性，不要怕农民富，农民没有吃、穿，家都顾不了，哪能建成社会主义？"不要怕农民富"，这话在今天看来似乎很是平常，但在当年，在那样的背景下提出，却需要很大的勇气，他的这些观点在当时也是很有创见性的。

只有弄清情况才能向山头进军

解放战争时期，为了打下石家庄，朱德赴晋察冀解放区，对敌情做了详细的调查，他还找俘虏谈话，了解石家庄城内的敌军部署。朱德说："每次作战，无论大小，我总事先勘察地形，精密计划每项细节。"这种良好的习惯，使他经常能打胜仗。朱德在战场上的战术原则，也成为他后来调查研究的工作原则。从农业、工业、手工业到外贸，朱德对现状和对未来的发展都力求做到心中有数，只有明明白白地掌握情况，才有清清楚楚的计划决定。这种惯用方法在他的江西山区调研报告中可以窥见一二。

"现在群众的穿衣、铺盖、絮棉相当困难。国家在短时期内又不能满足这方面的供应。"朱德在与江西吉安专区的同志谈话后，提出发动群众在自留地种棉花的方案，同时指出方案实施需解决的几个问题：1. 调剂一部分土棉种子；2. 发动生产队集体开荒种棉；3. 允许群众以棉花向供销社换布；4. 允许群众用自留地的棉花自纺自织；5. 在有养蚕条件的地方，发动家家户户栽桑养蚕。朱德就供销社的事业也做了大量的实地调查，他在报告中列举了供销社恢复后的好处，指出"不少基层干部对它们的重要性还没有足够的认识，因而对它们的支持和帮助还不够有力"。朱德认为，供销合作社的主要任务，不单在于上缴多少利润，而主要是扶持生产。只有生产发展了，东西多了，国家和人民才能富裕起来，供销合作社要成为生产者和消费者之间、国家经济与集体经济之间的桥梁。"我们看到砍倒的木头烂在半山，多少大毛竹老死……小竹子更是满山遍野。"通过亲眼所见，朱德意识到山上原料的运输与城镇手工业加工之间的矛盾，他建议"动员城镇一部分手工业工人上山自找原料，或者就在山上加工为成品或半成品再运出来"。

每一条朴实而有力的提议，都来自朱德对真实情况的深刻认识和反复斟酌，就像他在战前查看地形、了解情况、征求指战员的意见，然后才做出战斗的安排部署。正是如此认真的态度，使他指挥的"战斗"很难失败。如马克思在《资本论》中所言，"研究必须充分地占有材料，分析它的各种发展形式，探寻这些形式的内在联系。只有这项工作完成以后，现实的运动才能适当地叙述出来"。无论在什么时期，无论在什么年纪，朱德总是出现在第一线亲自摸情况、占有材料，思考内在联系，而后为中央提供决策意见。

长时间地聚焦一个主题深入调研

踏遍青山人未老，朱德这位"人民的勤务员"一生不停歇，从北方到南方，从西边到东边，走过黄河，到过长江……到处都留下了他的足迹和身影。据说，除台湾、宁夏、西藏外，其他省份他都走到了。他不断深入基层体察民情民意，对工业、矿业、农业、商业、外贸、财政、交通等领域进行调查研究，并提出了中肯的意见。结束江西之行的朱德说："这些地方都是好地方，有山有水，气候好，不论旱或涝总会有收成，特别是山区有丰富的资源，多年积蓄在山上，等待开发，问题就是地区宽、人口少，缺乏劳动力。"在调研报告的最后，他建议动员一大批劳动力去江西等地安家落户，"有两三年，就可以把这块地方变成粮仓，变成棉花、油料、茶叶和桑蚕生产基地"。

朱德一生调研次数之多、范围之广、时间之长，以及撰写调研报告之多，都令人折服。调查研究不是一时兴起，而是要持之以恒，始终贯穿于工作的全过程，真正成为决策的必经程序。朱德搞调查研究，不但坚持的时间长，而且调查研究的主题也一直较为稳定，即大多围绕经济建设问题，以发展生产和改善人民生活为着眼点。这其中比较典型的就是对于手工业的关心。据不完全统计，他曾就发展手工业问题多次开展调查研究，亲临手工业方面的全国性会议并讲话，听取汇报，进行谈话、通信等，由此形成了丰富的手工业思想。事贵有恒，恒则必利。调查研究这个传家宝必须常用多用，像朱德一样，将其变为生活中的自觉，成为一辈子的习惯。调研的成果往往就是取决于调研的状态，"走场子""装样子"，最后落得"没方子"。着眼当下，让调查研究从要求变成习惯，从被动变成主动，是我们破解难题的办法、谋划事业的良策。

参考文献

[1] 中共中央文献研究室. 毛泽东 周恩来 刘少奇 朱德 邓小平 陈云 论调查研究 [M]. 北京：中央文献出版社，2006：241–250.

[2] 尹红英. 让调查研究成为推动工作的制胜法宝：读《朱德调查研究文集》[J]. 当代广西，2021（20）：42.

[3] 廖心文. 朱德与调查研究 [J]. 党的文献，2007（3）：46–53.

我这次外出，主要是在江西看了一些山头，先后到了云山、井冈山、大茅山和武夷山。除三月三日的报告外，现在再把我在参观访问中所接触到的一些问题和意见，报告如下：

一、江西抓了山头，全省出现了几百个"南泥湾"，这是一条很好的经验。他们从一九五七年底开始，干部带头向荒山进军，发展到现在，已有垦殖场、农场二百八十六个，分场五百五十七个，拥有职工（包括家属）五十二万人，加上挂钩的人民公社，共达一百四十八万人。头两年，他们以给国家包伐竹木为主，综合经营，没有着重抓粮食，虽然收支富裕，但在吃饭问题上发生了困难。一九六一年注意抓了粮食生产，使粮食产量有了较大的增长。现在虽然还有一部分场的粮食不能自给，但是包括挂钩的人民公社在内，各场总算起来，粮食除全部自给之外，国家还征购了二亿七千万斤。现在可以说，这几十万人，不仅站住了脚，而且已经生了根。这样做的好处是，把开发山区资源供给城市、长期经营山区、培养农林技术干部和安置下放职工都结合起来了。这不论是从克服当前的困难来讲或者从长远建设来讲都是极为有利的。因此，我认为这是一条值得重视的成功经验。

在垦殖场的所有制问题上，他们认为是国营的、全民的。我认为还是作为大集体所有制来经营比较好些。因为，第一，建场时国家并未给多少投资，每个场只是贷款几十万元。现在一般都有一两千万元的家务和十多万平方米的房屋。他们凭自己的双手搞起来的这个家务，就让他们继续去滚，使之越滚越大，不要急于抽调他们的利润。第二，作为大集体所有制后，更适合于当前的生产水平和经营方式，更有利于调动职工的生产积极性。第三，特别重要的是，这些职工一方面自己养活了自己，不再算城市人口，不再吃统销粮。另一方面又为国家提供了大量的竹木和农副产品以及其他成品或半成品（包括食油、酒、纸、松香等），这比组织专门的砍伐队好得多了。他们应当按照独立核算、自负盈亏、按劳付酬、多劳多得的原则去办。对于职工的工资福利等，国家不需要再包了。对于他们的农副产品不是调拨，而是签订合同收购。

二、除在粮食征购任务上实行包干外，在食油的统购上，也应该实行包干办法。国家对于食油的统销，只能是对城市和工矿区的供应办法，对于农村，必须是只购不销。按实际情况说来，全国任何地区的农民，不仅可以自己解决食油问题，如果政策对头，还可以或多或少地调出一些油来。江西永新县往年需要从外地调进食油七万斤。去年秋季，领导上决定不再调油给他们，让他们自己解决食油问题。这样一逼，他们自己也想出了办法，即除集体种植油菜外，并暂借给每个人二分冬闲地，让社员自种油菜（榨油后，油归社员，油饼交生产队）。据县委估计，从今年起，永新县在食油问题上可以做到自给，甚至略有多余。我在永新县沿途看到，社员借田自种的油菜，长得特别好。从永新县解决食油的问题看来，其他经济作物，凡能包干的，应该尽量实行包干办法，不要包供。

我在江西、浙江、江苏一路上看到，菜子花一片金色，今年的油菜是可望丰收的。

三、发动群众在自留地上种棉花。现在群众的穿衣、铺盖、絮棉相当困难。国家在短时期内又不能满足这方面的供应。因此，应该鼓励群众自己解决一部分穿衣问题。据江西吉安专区同志谈：如果每户在自留地上种一分地的棉花（估计能收三至四斤皮棉），全专区就是一百六十万至二百二十万斤棉花。如果全国凡能种棉花的地区，每户都种一分或者半分地棉花的话，棉花的产量就是一个很大的数目。

　　——摘自中共中央文献研究室《毛泽东　周恩来　刘少奇朱德　邓小平　陈云　论调查研究》

1979

保持坚持真理、敢说真话的勇气

——读吴庭美的《一剂必不可少的补药》

吴　金　王向丞

　　我读过、写过不少农村调查，但像这篇调查实属罕见。它实际上是一份"中国农村改革的宣言书"。

——张广友

1978年的一个冬夜，安徽省凤阳县小岗村18位当家人聚集在村民严立华家，召开了一次秘密会议，讨论将分组作业改为"包干到户"。为表明风险共担，18人在一纸分田到户的"秘密契约"上按下了鲜红的手印。

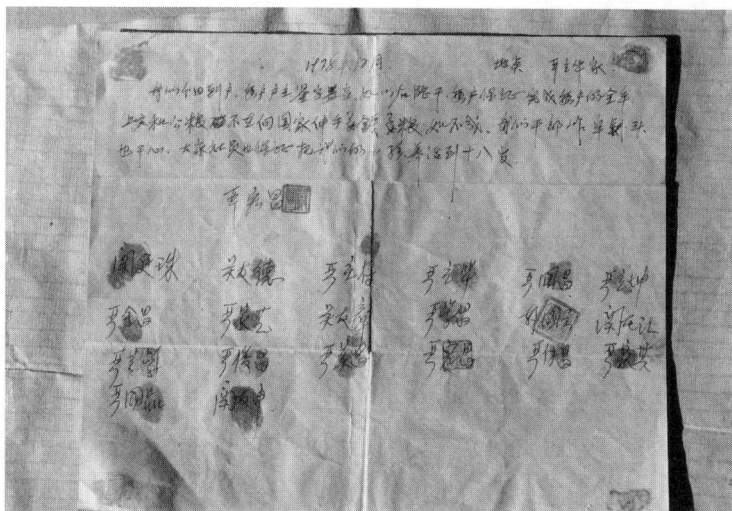

1978年冬，安徽省凤阳县小岗村18位当家人约定"包干到户"，并按下手印

就是这次秘密会议，就是这18个"红手印"摁响了中国农村改革的"惊雷"——我国的家庭联产承包责任制自此拉开了序幕。

那么，小岗群众"偷偷摸摸"干起来的"包干到户"何以能推广开来？小岗村又何以能成为全国"大包干"的典型？这与44年前的一篇题为《一剂必不可少的补药——凤阳县梨园公社小岗生产队"包干到户"的调查》的调查报告有着重要关系。

小岗模式对不对，要靠调查来证实

这篇调查报告的缘起，要从人民公社时期说起。

1958年7月1日，全国第一个人民公社在河南成立，此后很短的时间里，全国农村都实现了公社化。"一大二公"是人民公社的特点，但这种模式却存在着管理上过分集中、无法调动农民生产积极性等诸多弊端，到了70年代后期，这种弊端带来的矛盾越来越突出地暴露出来。

当时的小岗是凤阳县梨园公社严岗大队的一个生产队，因为干活"大呼隆"，分配"大锅饭"，无法调动村民的积极性，梨园公社成为凤阳县最穷的公社，小岗生产队又是这个穷社中最突出的穷队之一。每逢冬春之际，穷困的小岗人便成群结队地外出要饭，成了远近闻名的"讨饭庄"。

雪上加霜的是，1978年安徽大旱，凤阳的受灾情况尤为严重，小岗村不少人家已经到了断炊的地步。

为了救灾济民，安徽省委于 1978 年 9 月出台规定：集体无法耕种的土地，可以借给社员耕种，谁种谁收，国家不分配征购任务；从集体耕地中每人借一分地种菜（实际上是种粮食）度荒。当年，为了能够顺利度荒，凤阳县马湖公社率先实行了"分组作业，以产定工"生产责任制，凤阳县委对这一突破以队为基础的生产责任制采取了默许的态度。

1978 年秋天，小岗生产队的 20 户人家被凤阳县梨园公社分为两个作业组，实行"包干到组"责任制。小岗生产队在推行这一模式时发现，这种分组作业的方式还是很难调动大伙的生产积极性。为了彻底解决这一问题，小岗村 18 户人家冒着极大的风险秘密商议分田单干，按下了"大包干"的红手印。

"包干到户"果然见效，小岗村的生产得到了发展，社员的收入大大增加。小岗生产队的事情很快被公社发现，被县里知道。

时任凤阳县委书记的陈庭元是农民出身，他得知这一情况后不仅没有制止，反而主动担当，先后十多次到小岗村，观察他们的责任制实施情况，帮他们解难题、定计划，并确定了"不宣传、不制止、不推广"的策略。

但纸终究包不住火，小岗村的生产模式影响越来越大，在当地几乎成了"公开的秘密"。陈庭元深知这样下去不是办法，于是主动向时任省委书记万里汇报了小岗村"包干到户"的情况。

向万里汇报后，陈庭元又一次前往梨园公社调研。公社干部对他说，县委同意小岗村"包干到户"是口头宣布的，没有任何一级文件正式批准，万一县委书记调走了，怕没人承担这个责任，县委应该下一个文件才好。陈庭元完全理解公社干部的担忧。他也最终下定决心，不再像之前那样回避了。因为在他看来，"包干到户"这个全新的"娃娃"，洋溢着生命的激情，彰显着改革的活力，反映着人民的创造，它不应该是一个不合法的生灵！必须向上级如实汇报，取得上级的支持，让"包干到户"取得合法的"户口"。于是，他决定派人到小岗村进行详细调查，用数据和事实说话，看看小岗村"包干到户"的生产模式到底是对还是错。

看了调查报告，万里说"我要到小岗去看看"

1979 年 12 月，一个 30 多岁的干部模样的人来到小岗村，住了下来。这个人就是当地人都熟知的吴庭美。吴庭美是小岗生产队东面大严生产队的人，60 年代的大学毕业生，当时在县委政研室工作。

吴庭美就是陈庭元派回来调研"包干到户"情况的。吴庭美在小岗村待了一个星期，对每一户人家都做了认真调查，对历年的生产情况进行了统计对比。

陈庭元对吴庭美进行的调查工作十分关心，中途他陪同省里一名领导到小岗村视察，特意找到了吴庭美，向他了解调研的进展情况。此时，调查报告的初稿已经写出来了，陈庭元认真地看了一遍，说："其他的都行，就是写1960年饿死人的内容，是不是就不要说了？"吴庭美说："这些内容都是真实的，写了，才能更好地反映出小岗人为什么一心要搞'包干到户'。"省里的那名领导听了说："如果是事实，也没有什么不可以写的。"这样，陈庭元就同意了。12月20日，吴庭美回到县里，上交了一份7000余字的调查报告。《一剂必不可少的补药——凤阳县梨园公社小岗生产队"包干到户"的调查》就是这么产生的。

1980年1月上旬，安徽省委在合肥召开全省农业工作会议，陈庭元利用参加会议的机会，亲手将这篇调查报告交给了万里。万里连夜细读，"像读小说一样，一口气连看了两遍"。小岗村实行"包干到户"的艰难历程深深地打动了他。第二天，万里对陈庭元说："我要到小岗去看看！"

1月24日，万里在陈庭元等人的陪同下，踏着泥泞进了小岗村。他一家一户地看粮囤，高兴地说："呵，这回'讨饭庄'不再饿肚子了！"这时，村民严宏昌向万里"告状"："有人说我们小岗'包干到户'是'拉历史车轮倒转''挖社会主义墙脚'。"万里郑重地说："谁这样说，我就问问他，如果他有更好的办法，能使农民富裕，就照他的干。如果没有更好的办法，谁要说你'拉倒车''挖墙脚'，不准你们干，这个官司交给我万里打好了！"

回到合肥后，万里在省委常委会议上，捧出小岗村民送的花生，一边叫大家品尝，一边讲小岗村的情况。他再次强调解放思想，实事求是，不管采取哪种形式，只要能增产增收，对国家能多做贡献，对集体能多提留，社员生活能大改善，就是好办法，就都应当支持。

万里的小岗村之行，等于给"包干到户"发了通行证。正在苦寻"包干到组"后，组内核算、分配办法的凤阳农民，纷纷转向了"包干到户"。"包干到户"也由此从暗处走到明处，从当地走向了全省，再由个别省份走向了全国多个省份。

1980年9月，中共中央《关于进一步加强和完善农业生产责任制的几个问题》印发，肯定了"包干到户"的社会主义性质。1982年到1986年，中共中央连续五年发出中央一号文件，把以"包产到户""包干到户"为主要形式的家庭联产承包责任制推向全国。至此，"包干到户"不仅取得了"合法户口"，还上升为我国农村基本经营制度。

一篇"像读小说一样"精彩的调查报告

因为吴庭美的这份调查报告实事求是、态度鲜明地肯定了小岗模式，在推动小岗破冰式的农村改革中起到了关键作用，目前这篇调查报告原件被收藏于中国国家博物馆。

那么，这篇7000多字的调查报告究竟都写了些什么？为什么让万里"像读小说一样，一口气连看了两遍"？

2003年，《农村工作通讯》的《往事追忆》专栏全文刊发了这篇调查报告。调查报告共三大部分，第一部分"二十多年生产力受到连续摧残"，回顾总结了小岗生产队从 1956 年到 1978 年间，从农业合作化开始到反右派、"大跃进"、人民公社，再到"文化大革命"，在各种政治运动中农业生产、农民生活所遭受到的干扰和破坏。调查报告用详细的数据统计和事实事例进行了论证，如将 1966 年到 1976 年"文化大革命"期间，小岗村的人口、全

从 1981 年开始，安徽省凤阳县连续出现了"多年的卖粮难场景"

年总产、全年人均等生产生活数据制作成了简明的统计表，有力地说明了小岗一直陷于贫困落后之中的事实。同时用了社员严金昌的事例，讲述了这个靠自己辛勤劳动的所谓"走资本主义道路"的"暴发户"，其经济状况"充其量'暴发'到不逃荒要饭的水平"，充分说明了当时极左路线和平均主义的教训是多么沉重。

调查报告第二部分"一年的喜悦和期望"，则讲述了小岗实行"大包干"一年来，生产大大发展，社员生活大大改善的情况。正如调查报告中所说，"实际效果究竟如何？还是让事实来回答：今年全队粮食总产66185千克，相当于1966至1970年5年粮食产量总和。油料总产17600千克，群众说过去20多年总共也没收到那么多的花生、芝麻"。报告中还提到，农业丰收了，人们的精神面貌也开始发生变化。过去的愁云消失了，人人欢天喜地，个个笑逐颜开。参观的人去了，他们总是像接待客人一样，把人们引进低矮尚未修复的茅屋，捧出炒熟的花生、瓜子。

调查报告第三部分"'吸引力'带来的'麻烦'"，写了小岗模式被传播开后，很多人到当地参观访问，各种议论也随之而起，当地干部群众对这种情况有着既自豪又担忧的矛盾复杂心理。同时，作者在报告中也态度鲜明地指出，"我们认为，'包干到户'是生产责任制的一种形式……实行这种办法，生产资料仍归生产队所有，不存在人剥削人的问题。大家都凭自己的辛勤劳动，多劳多得，少劳少得，社员又是为三者利益而生产，它并没有偏离社会主义轨道。实行这个办法，对国家、集体和个人都是有利的"。

40多年后再读这篇调查报告，依然能生动地感受到40多年前农村改革在基层所蕴积、迸发的巨大活力，这篇调查报告所传递出来的调研作风和文风也给我们带来深刻的启示。

一是坚持真理的勇气。中国农村改革能从小岗"破冰"，与万里、陈庭元等优秀领导干部非凡的政治胆识密不可分。吴庭美当时虽然只是一名基层的普通干部，但也深受他们的影响，有着坚持真理、敢说真话的勇气。在这篇调查报告中，他不回避矛盾问题，不顾当时政治环境中各种压力，勇敢地向大家披露了小岗村的真实情况和大家的真实想法。

二是充满真挚的感情。吴庭美出身农村，家就在小岗村，对小岗村、对农民的情况非常熟悉，对农民有着深厚的感情。正是有着这种特殊的感情，吴庭美在调查报告中记述了小岗村农民的悲惨遭遇和辛酸历史，说出了小岗村农民的心里话，同时也以热忱的态度赞颂了小岗村农民历经磨难，在走投无路的情况下带头实行"包干到户"的智慧和勇气。

三是生动鲜活的文风。万里看完这篇调查报告后说"像读小说一样"，就是肯定了其内容的精彩和文风的生动。特别是文章标题中的"一剂必不可少的补药"形象而直接地指出"包干到户"就如同是医治农民贫困最关键的一剂"补药"。调查报告中还有大量的数据和事例，有许多农民生动鲜活的语言。用今天的话来说就是有不少"金句"，如"千条计，万项策，不如'到户'一剂药""算盘响，换队长""斗来斗去，人心斗散了，土地斗荒了，粮食斗少了，社员斗穷了，集体斗空了"，等等，细细读来能让人产生作者在与农民聊天话家常的画面感。

参考文献

[1] 张广友. 万里与小岗村 [J]. 决策与信息，2006（5）：32-33.

原文摘录

类似小岗生产队的经历和穷困，绝不是一两个，两三个。它只是合作化后凤阳县一些长期低产落后社队的一个缩影。这些落后地方，到底如何搞？怎样才能迅速改变穷困状况？在粉碎"四人帮"之前，很少有人去了解它、研究它。特别是领导"人物"很少光顾。小岗生产队的群众在自己的家门口看到"北京牌"、"小面包"、"伏尔加"还是近年把的事。有些小孩第一次看到"小面包"车在土路上扬起尘烟时，竟大惊失色。现在小岗的群众看得多了。这还得从"包干到户"说起。

今年春天，县委在贯彻三中全会精神和中央关于发展农业两个文件过程中，根据群众要求，从实际出发，在全县有领导有步骤地推行了"大包干"生产责任制，开始，这个20户115人的生产队划为4个作业组，后来不行，又划成8个组，还是不行。这块斗红了眼的地方，二三户在一起也是"捣"。以后社员就"偷偷摸摸"地搞了"包干到户"。全队34.47公顷地，按人分到户，10头牛评好价，两户一头，国家农副产品交售任务、还贷任务、公共积累和各类人员的补助按人包干到户，包干任务完成后，剩多剩少都归自己。

虽然他们也知道只准"包干到组",不许"包干到户",但是他们总觉得在这块穷地方,这样干得劲,能干好。结果,还是这样干了。小岗的事很快被公社发现了。公社觉得这个队太"难缠",有点"人心不足"。这件事不久也被在农村工作几十年饱尝过酸甜苦辣的县委主要负责人知道了。他深知党的"规矩",更同情群众的苦衷。他想,全县3000多个生产队,一个生产队搞"包干到户",就是"复辟"也无关大局。于是就告诉公社的同志说:"算了吧!就让他们那样干吧!"小岗队"包干到户"办法就这样幸存下来了。

一年来,上上下下来了不少人参观访问;实际效果究竟如何?还是让事实来回答:今年全队粮食总产66185千克,相当于1966至1970年5年粮食产量总和。油料总产17600千克,群众说过去20多年总共也没收到那么多的花生、芝麻。家庭副业也有很大发展,生猪饲养量达135头,超过历史上任何一年。全年粮食超征购任务1400千克,过去23年一粒未交还年年吃供应,今年向国家交售粮食12497.5千克,超额7倍多,社员还准备卖2500千克山芋干。油料统购任务150千克,过去统计表上这一栏,从来都是空白,今年卖给国家花生、芝麻共12466.5千克,超过任务80多倍。还第一次归还国家贷款800元,并可卖肥猪35头。全队还留储备粮 500 多千克，留公积金 150 多元。今年棉花交售任务没有完成，社员内疚地说："明年一定补齐。"

由于生产发展，社员收入大大增加。据初步统计，今年全队农副业总收入 4700 多元，平均每人 400 多元。最好的户总收入可达五六千元，平均每人可达 700 多元。最差的户平均每人收入也在 250 元左右。全队 20 户，向国家出售农副产品 2000 元以上的 2 户，1000 元以上的 10 户。

…………

今年的丰收，使小岗队的群众对夺取明年的更大丰收充满了信心。他们说："有了今年的本钱，明年肯定还会大增产。"因而生产劲头更大。今年秋种时，两个多月未下雨，社员群众男女老少齐上阵，一担担、一桶桶、一盆盆，挑水、拎水、端水造墒抢种小麦。全队 115 人已种小麦 20.4 公顷，出全苗的有 16 公顷多。今年种的小麦一般都是三肥下种，有的四肥下种。不少户不但施足了小麦的底肥，还留足了明年小麦追肥和春种用肥。有的户家有万斤粮，备有千斤肥（商品肥）。据统计，这个队今年秋种前后共买化肥、磷肥、饼肥等各种商品肥 38690 多千克，花了 8200 多元，未要国家分文。

——摘自吴庭美《一剂必不可少的补药》

1990

把科学地认识中国社会作为调研的使命

——读费孝通的《重访云南三村》

胡雅南

新时代改革开放和社会主义现代化建设的丰富实践是理论和政策研究的"富矿"……从国情出发，从中国实践中来、到中国实践中去，把论文写在祖国大地上，使理论和政策创新符合中国实际、具有中国特色。

——习近平

"禄易双村星宿畔，青秧绿竹接山峦。喜看故地换新装，今日重来童叟欢。"这是费孝通于 1990 年 5 月 26 日再次到云南禄丰调研时，看到阔别半个世纪的乡村欣欣向荣、面貌大有不同，有感而发的作品。

此时的费孝通已经 80 岁高龄，距他上一次来云南三村调研已过去 52 年，但不论是抗战时期的初次到访，还是改革开放后的故地重游，费孝通都是为了了解"内地农村的社会经济结构，进而研究怎样提高内地农民的生活"。尽管此时费孝通已经年迈体弱，但依旧关心中国农村的发展状况，他跋涉千里、殚精竭虑地写下了这篇追踪调研报告《重访云南三村》，记录下了云南禄丰、易门、玉溪（以下分别简称"禄村""易村""玉村"）从 1938 年到 1990 年艰难曲折的发展历程，分析了中国农村"今后的发展中面临着各自不同的问题"。

使命驱动：为了科学地认识中国社会

1937 年，抗日战争全面爆发，正在伦敦政治经济学院求学的费孝通先生深知国难当头，毅然决定放弃国外优渥的生活，回到祖国。1938 年，28 岁的费孝通凭借根据在家乡开弦弓村实地调查材料写成的博士论文《中国农民的生活》（书名为《江村经济》）获得了人类学博士学位。一完成学业，费孝通便怀着拳拳报国之心踏上了归国之路。此时，日本已经开始全面侵华，费孝通的回国旅途在艰难的时局下显得更为漫长。行至越南西贡时，广州和武汉沦陷的消息传来，费孝通只能放弃水路，从越南进入位于抗战大后方的云南昆明。在老师吴文藻的安排下，费孝通到云南大学社会学系任教。两周后，在姨母杨季威女士和燕京大学同学王武科的介绍下，费孝通于 1938 年 11 月 15 日和燕京大学研究生李有义一起来到了王武科的家乡——距昆明 100 余公里的禄丰县大北厂村，开始了对禄村的首次调查。

刚安顿下来，费孝通就立即着手对云南乡村进行调查。"为什么这样急不可待？"费孝通在《云南三村》一书的序言中写道："我当时觉得中国在抗战胜利之后还有一个更严重的问题要解决，那就是我们将建设成怎样一个国家。在抗日的战场上，我能出的力不多，但是为了解决那个更严重的问题，我有责任用我所学到的知识多做一些准备工作，那就是科学地去认识中国社会。"1940年，费孝通除了完成《禄村农田》以外，又指导学生张之毅相继

1957 年 5 月，社会学家费孝通先生在苏州吴江县开弦弓村考察时与江村丝厂女工交谈

完成了《易村手工业》和《玉村农业和商业》两部学术著作，合辑成了《云南三村》一书。

　　1990 年，费孝通通过走访故地追踪调查，完成了《重访云南三村》，前后相隔 52 年的两份报告，都对禄村、易村、玉村三个村庄的人口规模、农业产量、手工业发展等进行了描述和分析：禄村从完全依赖土地，到后来出现劳力输出和乡镇企业的转变；

易村从起初能够依靠手工业来平衡开支，到后来由于原材料的丧失而逐渐走向衰落；玉村则一直能够发挥优势，依托便捷的交通和市镇的联系产生了发达的商业。两篇调查报告虽然各自独立，却有一个共同的宗旨，就是为了解决"建设成怎样一个国家"这一问题而"科学地去认识中国社会"，始终将研究的重点放在农村经济问题上，关注农民的需要，关注如何改善农民的生产和生活条件。驱使费孝通跨越千山万水、穿越半个世纪两次造访云南三村的，无疑是他作为知识分子的兼济天下的责任感和使命感。

"调""研"并重：多种方法分析问题

费孝通的博士论文《中国农民的生活》研究的是自己的家乡——吴江县开弦弓村，虽然以《中国农民的生活》为题，但费孝通对开弦弓村是否足以代表中国也心存疑虑。所以刚一回国，费孝通就立刻开始就云南本地农村开展调查，希望从不同于开弦弓村的云南内地农村类型中找到中国农村社会的共性。从方法上讲，费孝通从村子入手展开社会研究，并非没有争议。费孝通的硕士研究生导师史国禄就认为，一个几十户人的村子无法代表偌大的中国农村社会，研究中国不能漫无目的地研究单个村庄，而应该研究"人种群体"。

但费孝通认为中国农村虽然星罗棋布各不相同，实则具有很多共性，如果挑出一个村子进行仔细的解剖，从中找出它社会结构里各方面的内部联系，然后再研究其他类型的村子以做进一步的比较，那最终就会识别出中国农村的各种类型。这样从具体个案中得出的理论也更有可能指导农村社会发展的具体实践。禄村、易村和玉村就是费孝通选出来进行解剖的"麻雀"。这种通过个体研究总结归纳普遍共性的做法，对调研者的工作水平有着更高的要求。

费孝通在《社会调查自白》一文中写道："要做好社会调查……要从别人口上取得实情，没有一定相互信任的关系是不行的。"因此，在农村进行调查时，费孝通总是设身处地地了解农民的所思所想，努力做到"坦白和诚实""像是在亲人中向他们学习一样"，以至于费孝通时隔半个世纪再次造访禄村和易村时，"村子里的群众也大多记得我们的名字"。

费孝通初次造访禄村时，住在房东王氏家的小土楼里，自己携带炊具解决饮食，克服了蚊虫叮咬、交通闭塞、环境恶劣等各种困难，在累计110天的田野调查中徒步50多公里，访问310余户、农户1400余人。后来，重访已划归禄丰境内的易村时，村里还没有通公路，到离村最近的公路还要走3公里的山路，这对于当时年事已高的费孝通来说是很大的挑战，但是他还是在想办法，想亲自去看一看，可惜天公不作美，在他启程前几天下了大雨，这3公里山路成了难以逾越的障碍。然而费孝通还是坚持坐车到附近一个叫川街的小镇，请易村几位认识的老人过来面谈。对此，他不无遗憾地表示，连登门拜望也做不到了。就是在这种与调研对象真诚谦逊的交往中，费孝通掌握了真实可靠的调查资料。

对于调查结果的分析研究，费孝通也有一套方法。由于调查对象多是农民，他们在表达上倾向于直抒胸臆，并不会做归纳提炼，但费孝通能通过农民的主观认识抓住问题的关键。如在与禄村塑料厂厂主王兴国交谈时，他了解到，对方从1979年开始通过经营企业增加了收入、改善了生活，也想扩大生产，但心中还是不安，担心"政策不稳"，"一再表示愿意把塑料厂归村里集体经营，他可以做个经理，不要当老板"，费孝通从王兴国的个人感受中敏锐地察觉到，这是"社会四周的气氛还对走这条路子有怀疑。何况禄村基层干部又缺乏这类人才，集体企业没有发展起来"的缘故。

在虚心诚恳地对调查对象进行定性分析的同时，费孝通还注重对客观数据的收集比对，进行定量分析。在初访禄村时，费孝通认为禄村的农田计量单位"工"的具体数值具有弹性，不利于调查，为了弄清楚一"工"田究竟是多少亩，他亲自带人丈量田块，反复推算，得出"1亩合禄村2.6工"的结论。从这一点也可以看出，费孝通在调查研究工作中的考究严谨和细致认真。

重访云南三村，费孝通为了分析三村从抗战时期到新中国成立后进行土改、"大跃进"，再到改革开放这一段复杂曲折的发展历程，收集、统计了各个时期的人口、户数、人均耕地面积、粮食产量以及非农收入和副业收入等经济指标，如在对禄村经济进行分析的时候，费孝通不仅通过塑料厂厂主王兴国的个人经历感受农村企业的发展变化，还用 1979 年到 1989 年禄村的家庭工副业收入的统计数据来说明问题：这 10 年家庭工副业在禄村普遍地有了发展，全村的总收入据报 1982 年是 18 万元，1985 年是 37 万元，1989 年是 123 万元，如果化成可比价值，5 年里翻了一番以上是可信的。通过这种主客观认识相结合、定性分析和定量分析相结合的观察和总结，费孝通对云南农村经济发展的情况有了清晰的认识。

研以致用：把论文写在祖国大地上

在费孝通先生 80 岁生日时，有人问他一生究竟要做点什么事，他回答说："志在富民。"作为中国社会学和人类学的奠基人，费孝通始终立足于中国社会，尤其是农村的社会经济发展，关心农民增收问题，为中国农业和农村经济发展做出了重要贡献。

20 世纪 80 年代以后，费孝通通过对全国其他省份的回访调研，讨论扶贫脱困、城镇建设等社会发展问题。重访云南三村也是他为了了解云南内地农村社会经济结构的发展变化，探索怎样利用农业里的剩余劳动力从事生产，进而研究怎样提高农民的生活水平而进行的一次追踪回访。

在初访易村时，费孝通就深入调查研究了村中土法造纸和编织篾器两种手工业的发展延续过程，并对易村手工造纸的发端进行了分析。"在易村我们看到了两种不同的手工业。一种是贫穷户利用多余劳动力编织篾器借以贴补生活的副业。这种副业并不需要投资，江边可以自植竹林作为原料，工具也较简单，一把劈削竹子的扁刀就足够了……另一种手工业是制造土纸，实质是作坊工业……"通过对易村的深入调查研究，费孝通认为工业和农业并不是对立的，而是有着密切的联系："中国的传统工业，就是这样分散在乡村中。""中国并不是没有工业，只是工业太分散，每个农民多少同时是个工人。"

重访易村时，他依旧关心易村手工业的发展。他发现，由于1980年易村落实联产承包责任制时只把田地包到户，没有把竹林同时包到户，农民群众贪图当前的利益，纷纷趁着竹林"姓'公'不姓'包'"的时候大量伐竹，对竹林这一原料基地造成了重大损害，土纸作坊也因此倒闭了。他在《重访云南三村》中总结"像易村这样的偏僻山村，在发挥它有竹林特产的优势时，农民曾经有过比较好的日子。后来由于种种历史原因，他们的原料基地被摧毁了，赖以提高生活的工副业恢复不易。单靠土地显然是不容易使这样的村子富起来的"，因此他主张"乡村工业需要从技术和组织上加以改造，既要学会使用新的动力和机器，更要用合作的方式组织起来"。

从20世纪30年代进瑶山调研开始，到2003年因病住院为止，费孝通在近70年的治学生涯中留下了许多宝贵的调研经验。1985年，费孝通整理出版了《社会调查自白》一书。在书中，他结合自己的学术历程系统地介绍了开展社会研究的具体方法。他在书中写道："具体方法的掌握离不开方法论的指导，归纳起来说就是三句话：坚持马列主义理论的指导，实事求是，理论联系实际。"费孝通二十八次访问开弦弓村、十一次考察甘肃、三访赤峰、四访民权、五访沧州、七访定西、八访张家港、重访云南三村等一系列社会调研实践所凝结的丰富学术成果也验证了其研究方法的科学性，他真正做到了"把论文写在祖国大地上"。

参考文献

[1] 费孝通，张之毅. 云南三村 [M]. 北京：社会科学文献出版社，2006.

[2] 费孝通. 重访云南三村 [J]. 中国社会科学，1991（01）：169-178.

[3] 费孝通. 社会调查自白 [M]. 北京：知识出版社，1985.

[4] 杨春华. 费孝通先生"云南三村"调查的调研经验与启示 [J]. 云南社会主义学院学报，2021，23（02）：32-37.

[5] 张丽梅，龙成鹏. 从村子看中国：读《云南三村》[J]. 今日民族，2020（05）：35-37.

我们这次重访禄村特别想了解 1982 年以后的情况。由于时间短只能听村里负责人的汇报。从产业结构上说，农业和工副业的比例：1978 年是 7∶3，1985 年是 5.5∶4.5，1989 年是 4∶6。这些数字都没有经过考核，但也能帮助我们看到最近 10 年里禄村有较大发展的轮廓。

禄村经济的发展现场也是容易看到的。50 年前我们从禄丰县城到禄村去要走近一里的石板道，道的两边全是稻田。路上行人少，人们还常劝我们晚上不要单独进城。现在禄丰县城已改称金山镇，镇上几乎全是新建的房屋，而且扩大了很多，和禄村村口连上了。这大批的建筑也具体告诉了我们禄村为什么有 100 多人在这几年里变成了建筑工人。

但是走进禄村，除了石板路变成了水泥路，沿路有自来水管外，基本面貌却改变不大。大部分弄巷门面还是旧时相识。我可以找到调查时寄居的房屋。主人是早去世了，第五代的孩子都已经出生。但我到堂屋里一看，还是当年本色，甚至还认得我当年的铺位。不同的是当时的院子在我印象中还要宽敞得多。在这半个世纪里，已增建了几间小屋，空地就见得狭小了。出门来在街头转角上，一位老人还高兴地向我说，当时他还是个孩子，就在这里带我去找那位吹洞经的人。所以我的印象，禄村的外貌改变得不大。村子里新造的房子还不多。但当我闯进当年的中药铺里，才看见室内已经刷新。主人招待我坐沙发，房角里还有电视机。

由于老乡听说我提倡乡镇企业，所以兴冲冲地邀我去参观他们引以为骄傲的塑料厂。厂在村西的边缘上，新造了厂房，厂中场地上堆满了各处购来的破烂塑料。一看就知道这是个塑料再生厂，把废品加工制成各种用具，也能翻造农用薄膜。我看了有点面熟，想起了1984年在江苏淮阴市的耿车乡曾经看到过这种厂，而耿车的厂后来听说已发展相当大，成了苏北的一个废品利用业中心，相当有名。我因而想到这两个地方确有相同之处。它们都是从农业单一经济开始走上工业化最初的一步。它们都是从成本便宜的废品入手。从塑料鞋底做起，翻造出多种农民需要的日用品。既有原料又有市场，初生的企业容易站住脚。计算一下时间，苏北先于云南大约有五六年。这也给我找到了一个比较两地农村发展时差的指标。

第二天我把兴办这个塑料厂的农村企业家请了来面谈。他是我初次调查禄村时寄寓主人的侄孙。名字叫王兴国，现在有 30 多岁。初中毕业后在禄村种田。全家 12 口人，6 个劳动力。1979 年一次即向国家出售大米 6000 斤。一连三年，成为有名的大户，同时也积累了 1 万多元。他有了这点本钱，在村子里把多余的劳动力组织成基建队，到金山镇上去承包建筑，营业相当顺利。基建队后来发展到 100 多人，他说他原来不懂建筑，通过在实际工作中学习，后来已能设计、施工，盖四层的楼房。他是个自学成才的人物。

基建队按劳动时间和强度发放工资。结余多了，他想如果分给大家，不是一下花完了么，不如用这笔钱组织一次外出参观，开开眼界。后来，他自己买回了一套制造冰棒的设备，在村口另建新屋，办起了一个冷饮店。他和妻子一起在晚上制造冰棒，第二天一早分发给小贩，到附近几个学校门口出售。这个厂由他的妻子经营，每年收入在万元以上。随后他自己找到了昆明塑料厂里的熟人，挂上了钩，购备机器，又开办了这个塑料厂，营业额一年有几十万元。

经过近 10 年的锻炼，他已经由一个农民变成了一个脱离农业的企业家。由于他新造的住宅里有烤箱、洗衣机等 10 多部"机器"，在禄村被称作"十机部长"，在农民里成了个惹眼的人物。因之他的心情不得安宁，既有扩大企业之心，又怕政策不稳。他出名之后就和父亲分了家，怕有一天倒算，拖累家人。又把基建队让给弟弟去经营，自己搞塑料厂。去年他看到金山镇处在川滇铁路和滇缅公路交叉点上，商业相当繁荣，所以又在镇上租房子办了个旅馆。他确有眼光，有魄力，既精于计算，又懂得拉拢关系，是个企业家人才。但是心头的矛盾至今未消。在和我谈话时，还是一再表示愿意把塑料厂归村里集体经营，他可以做个经理，不要当老板。他又说，他一家的生活有一个冰棒厂就够维持，其余的都愿意归公。这可能是农民企业家在发展初期多少带点普遍性的思想状态。实际上是表明他们对私人企业还是新手，社会四周的气氛还对走这条路子有怀疑。何况禄村基层干部又缺乏这类人才，集体企业没有发展起来。他这样的人是太突出了。

——摘自费孝通《重访云南三村》

后　记

没有调查，就没有发言权，更没有决策权。《重温经典学调研》的编写初衷，源于对调研工作本质的思考。在这个信息爆炸的时代，调研方法和技术不断迭代，但经典调研理论中蕴含的求真精神、问题意识和实践智慧，始终是调研工作的根基。本书试图通过梳理经典文献、剖析典型案例，帮助读者回归调研的本源，掌握经得起时间检验的方法论。

本书收录了《新湘评论》策划推出的"重温经典学调研"系列报道作品，并节选了部分经典调研报告原文。在编写过程中，我们深刻体会到优秀调研的共同特质：扎根泥土、直面问题、见微知著。这些作品之所以历久弥新，正因其既遵循严谨的科学逻辑，又饱含深切的为民情怀。本书案例的选取亦秉持这一理念，力求在理论与实践的对话中，呈现调研的完整脉络。

在此，谨向为本书倾注心血的同志致以诚挚谢意！感谢本书作者的辛勤笔耕，感谢同行前辈的悉心指导，感谢湖南人民出版社编辑团队的精心打磨。同时，向书中引述的经典作者致敬，他们的思想智慧是本书的基石。

调研之路，常走常新。若本书能为读者点亮一盏思考的灯，指明一条新时代调查研究之路，便是我们莫大的荣耀。书中未尽之处，唯愿读者在实践中继续探索。鉴于编者水平有限，疏漏之处在所难免，恳请方家指正。

编　者

2025 年 5 月

图书在版编目（CIP）数据

重温经典学调研 / 贺弘联主编. -- 长沙：湖南人民出版社，2025.6. -- ISBN 978-7-5561-3869-2

Ⅰ. D267

中国国家版本馆CIP数据核字第2025G4B638号

CHONGWEN JINGDIAN XUE DIAOYAN

重温经典学调研

主　　编	贺弘联	
出 版 人	张勤繁	
策　　划	吴向红	
责任编辑	吴韫丽	何　萌
装帧设计	杨发凯	
责任校对	张命乔	唐水兰
责任印制	虢　剑	

出版发行	湖南人民出版社［http://www.hnppp.com］
地　　址	长沙市营盘东路3号
邮　　编	410005
经　　销	湖南省新华书店

印　　刷	长沙艺铖印刷包装有限公司
版　　次	2025年6月第1版
印　　次	2025年6月第1次印刷
开　　本	880 mm × 1230 mm　1/32
印　　张	8.25
字　　数	168千字
书　　号	ISBN 978-7-5561-3869-2
定　　价	58.00元

营销电话：0731-82221529　　（如发现印装质量问题，请与出版社调换）